장점으로
행복하라

+ contents

## 장점을 개발해 줄 인생의 귀인을 찾아라.......................

# 장점과 부를 가지고 엘리트 대열에 들어서라

지금은 사람이 기본인 시대다.

유명 영화감독 펑샤오강(馮小剛)의 영화 〈천하무적(天下無賊)〉은 많은 관객에게 깊은 인상을 심어주었는데, 특히 영화 속 대사들은 여전히 유행어처럼 사람들의 입에 오르내린다. 그중 어떤 가정이나 기업 혹은 단체나 국가에 적용시켜도 좋을 대사가 하나 있다. 바로 영화 속 인물 리수(黎叔)의 대사다.

"21세기에 가장 귀한 게 뭔 줄 알아? 바로 사람이야!"

참으로 맞는 말이다. 국가적으로 보면 요즘은 정치든 군사든 결국은 인재를 두고 경쟁하는 시대다. 기업적인 측면에서도 동종업계 간의 경쟁은 과학기술의 경쟁이라고 할 수 있는데, 근본적으로는 그 기술을 가진 인재의 경쟁이다. 그 어느 때보다도 경쟁이 치열한 21세기에 인재 경쟁은 국가나 기업의 운명까지 좌우한다.

바야흐로 인재를 간절하게 찾는 시대다. 당신이 바로 그 인재인가? 인재의 기준은 무엇인가? 해답은 아주 간단하다. 당신의 장점! 그것은 다른 사람이 결코 대신할 수 없는 핵심 경쟁력이다.

열등감이 많은 사람은 이런 말을 한다.

"나는 다른 사람보다 잘하는 게 하나도 없어."

하지만 이는 잘못된 생각이다. 누구에게나 남에게 없는 자신만의 장점이 분명히 있기 때문이다. 그것이 세상의 주목을 받지 못하거나, 심지어 본인 스스로 무시하는 장점이라고 해도 말이다. 예를 들어 알렉상드르 뒤마는 글 쓰는 것을 제외하고는 특별한 장점이 없었다. 그는 이 재능을 마음껏 발휘하여 세계적인 대문호라는 명성을 얻었다. 중국 전국시대 말기의 정치가 맹상군의 식객은 계명구도(鷄鳴狗盜, 닭 울음소리 흉내와 도둑질. 하찮은 재주를 비유함─옮긴이)의 능력으로 맹상군을 진나라에서 탈출시킬 수 있었다. 제2차 세계대전 중에 독일 강제 수용소에서 한 유태인은 평소 남에게 베풀었던 친절 덕분에 죽음의 문턱에서 빠져나올 수 있었다. 미국의 한 기술자는 기계를 간단히 수리했을 뿐인데 수만 달러의 보수를 받았다. 또한 어느 다국적 기업의 직원은 건강하다는 이유로 외국 주재 직원으로 뽑혔다. 이 모두가 자신의 장점을 잘 발휘한 예라 할 만하다.

장점이란 당신이 쥐고 있는 패이자 가치이며 재산이다. 장점은 땅 위로 드러난 자원처럼 쉽게 발견되기도 하는데, 이것을 제대로 활용하면 사업이 한 단계 업그레이드된다. 하지만 현실에서는 대부분의 장점이 마치 지하자원 같이 땅속 깊숙이 묻혀 있어서 끊임없이 발굴하고 탐사해내야 한다. 물론 과정이 수고로운 만큼 수확한 열매는 아주 달콤하다. 그런데 많은 사람이 그릇된 방법만 고집하다가 자신의 장점을 캐내지도 못하고 그대로 묻어둔 채 평범한 삶을 살아간다. 성공이라는 것이 준비된 사람에게 찾아온다면, 장점 역시 마찬가지다.

자신의 장점을 발굴하려면 개인의 종합적인 실력을 향상시켜야 한다. 그리고 확실한 마음가짐을 가지고 있으면 자신의 꿈을 현실화할 수 있다! 또한 적극적인 태도는 눈앞에 닥친 문제를 해결하고 완벽하게 일을 해내는 데 도움이 된다.

사람들 속에 어울려 자신의 장점을 발휘하면 성공하기가 더욱 쉬워진다. 일을 하는데도 업무적으로 상급자와 원활하게

소통하며, 부하직원의 어려움을 해결해준다. 또한 이간질로 사람들 간의 불화를 일으키거나 패거리를 짓는 일 없이, 융통성 있게 일 처리를 함으로써 팀을 하나로 단결시켜 그 힘을 한곳에 쓰게 하며 전투력을 높인다.

그러므로 지금까지 몰랐던 자신의 장점을 발견하면 더욱 근사하게 인생을 보낼 수 있다. 장점을 파악하는 일이 이처럼 중요하다면 구체적으로 어떻게 행동해야 나만의 장점을 알 수 있을까? 장점을 발굴하고 사용하는 법은 무엇일까? 이 책은 바로 우리가 정확하고도 융통성 있게 자신의 장점을 활용하도록 도와주는 황금열쇠다. 직장에서 치열하게 일하는 독자가 이 책을 읽고 말하고자 하는 내용을 진지하게 깨닫고 실천에 옮긴다면, 반드시 그 과정에서 충분한 이익을 얻을 수 있다. 회사에서도 두각을 나타내어 성공한 위너가 될 것이다!

"21세기에 가장 귀한 게 뭔 줄 알아? 바로 사람이야!"

누구나 천재!
당신의 성공을
가로막는 것이란 없다

　강한 자는 살아남고 약한 자는 사라지는 것이 우리 사회의 경쟁 원리다. 이러한 경쟁에서 도태되지 않았다면, 당신을 지탱해주는 당신만의 장점이 분명히 있을 것이다. 그것은 어쩌면 남보다 똑똑한 머리나 뛰어난 수완 혹은 원만한 인간관계나 착한 마음씨일지도 모른다. 아니면 힘든 역경을 꿋꿋하게 이겨내고 불리한 상황을 역전시키는 강한 의지거나 치열한 경쟁 속에서도 항상 긍정적일 수 있는 성격일지도 모른다. 이렇게 개개인의 서로 다른 장점들은 이미 겉으로 드러난 경우도 있지만, 그렇지 못한 경우도 있다. 그런 잠재되어 있는 장점들을 개발하고 훈련시키면 더 나은 방향으로 발전할 수 있고, 만족감, 자신감, 성취감이 높아져 더욱 적극적으로 전진하게 된다. 그러면서도 계속해서 또 다른 장점을 찾아내고 이를 최대한 살리면, 엄청난 경쟁 속에서도 절대 실패하지 않는다.

　미국 갤럽 여론조사센터의 연구에 따르면, 전 세계의 직장인 중 오로지 20%만이 자신의 능력에 맞는 일을 한다고 생각하며, 타고난 소질을 남보다 더 발휘한 사람들이 대부분 성공했다. 즉 사람들이 가장 크게 성장할 수 있는 공간은 바로 자신의 재능을 마음껏 발휘할 수 있는 분야라는 것이다.

모두가 알다시피 중국은 탁구 강국으로, 중국 탁구 선수들은 여러 국제시합에서 항상 뛰어난 성적으로 연전연승하고 있다. 1984년에 열린 로스앤젤레스 올림픽에서 예상대로 중국 선수가 금메달을 획득하자, 한 외국기자가 중국 팀 코치에게 물었다.

"어떻게 훈련하십니까?"

"우리는 날마다 최소 8시간씩 열심히 훈련합니다. 우리 팀의 최대 강점인 포핸드를 집중적으로 훈련하지요."

"좀 더 구체적으로 말씀해 주시겠습니까?"

"훈련 방법은 매우 간단합니다. 우리 팀의 장점을 최대한 살려서 다른 약점들을 모두 커버하는 것이지요. 잘 보세요. 우리 선수는 오직 포핸드만 열심히 했습니다. 사실 백핸드 실력은 형편없어요. 그건 상대팀도 이미 알고 있지요. 하지만 포핸드만큼은 누구도 막아낼 자가 없습니다. 그러니 우리가 이기는 것은 당연해요."

이 짧은 인터뷰에서 장점 이론의 핵심을 알 수 있다.
단순히 일에 대한 흥미가 성공 여부를 결정짓는 것은 아니

다. 그보다는 일이 개인의 기질이나 특성과 부합되는지가 더 중요하다. 그런데 졸업증이나 자격증, 경력, 전공, 기술은 마치 빙산의 일각처럼 눈에 보이는 반면에 개인적인 특성, 그중에서도 가장 중요한 자질과 능력은 수면 아래에 감춰져 있다.

성공 여부는 자신의 장점을 최대한으로 발휘할 수 있느냐에 달렸다. 그럼에도 우리는 때때로 약점을 보완하는 데 너무 많은 시간과 정력을 낭비한다. 자신의 장점을 등한시하면서까지 말이다. 하지만 '타고난 자질과 능력'과 같은 장점이야말로 자신의 우수성을 표현해주는 키포인트다. 장점은 당신이 이 세상에 존재하는 이유이며, 치열한 경쟁 속에서도 유리한 위치를 차지하며 당신의 사업을 호전시켜 준다.

노벨상을 수상한 중국계 미국 물리학자 양전닝(楊振寧)은 원래 실험 물리학자였다. 그런데 양 교수는 매번 실험에 서툴렀고 행동도 굼떴다. 오죽하면 실험실 내에서 '양전닝이 있는 곳마다 폭발이 일어난다.'라는 말이 생겨날 정도였다. 결국 그는 다른 사람의 건의를 받아들여 실험을 포기하고 이론 연구에만 매달렸으며, 연구 결과에 대한 실험은 다른 사람에게 맡겼다. 그는 이렇게 자신의 장점을 극대화함으로써 노벨물리학상을 거머쥐게 되었다.

이렇듯 단점보다는 장점에 집중하며 자신을 완벽하게 만드는 일은 요즘 같은 인재 경쟁 속에서 유리한 위치를 차지할 수 있는 비법이다. 그런데 장점에 집중하려면 우선 타인과 비교할 줄 알아야 한다. 그렇다고 자신의 장점과 다른 사람의 결점을 비교하지 마라. 자만심이나 자부심에 빠져 자기가 최고라고 우쭐거리게 된다. 또한 자신의 결점과 다른 사람의 장점을 비교하지도 마라. 열등감에 사로잡히거나 의기소침해진다. 그대신 자신의 장점과 다른 사람의 장점을 비교하여 차이점을 파악한 뒤에 자기 발전에 힘써라. 타인과 나를 비교하는 목적은 자신을 격려하기 위함이 아니라 자신을 정확하게 인식하기 위함이다. 그러므로 냉철한 자세로 남과 나를 비교하되, 다른 사람의 것은 무조건 칭찬하면서 나를 동정해서는 안 된다. 사람이라면 누구나 천재가 될 수 있으며, 우리의 성공을 가로막을 사람은 없다. 자신의 장점을 찾아내서 충분히 발휘하고 진지하고 적극적인 자세로 끊임없이 노력하면 반드시 뛰어난 사람이 될 것이다.

사람들은 아침부터 저녁까지 분주히 뛰어다니며 악착같이 일한다. 그것도 모자라 몇 시간씩 초과근무를 하며 잠은커녕 조금도 쉬지 못하는 사람도 있다. 이들의 목표는 부지런히 돈을 벌어 더 나은 삶을 누리고 다른 사람보다 출세하는 것이다. 하지만 출세만 바라보면 오히려 원하는 삶이 실현되지 않을뿐더러 성공도 아득히 멀어진다. 이는 자신에게서 성공의 열쇠를 아직 찾지 못했기 때문이다.

유명한 투자 재무관리 작가인 스탠리 빈은 부자가 되는 두 가지 원칙에 대해, 첫째는 장점을 파악하는 것이며, 둘째는 이미 파악한 장점을 장악하는 것이라고 말했다.

사실 성공하고 싶은 사람이라면 상대를 파악하는 것이 경쟁의 관건이 아님을 명심해야한다. 상대방이 아직 자기 재능을 제대로 알지 못할 때 기회를 놓치지 않고 움켜쥐어야 한다. 그래야 경쟁 과정에서 절대적인 우위를 차지할 수 있으며, 다 쓰지도 못할 엄청난 부를 얻을 수 있다.

당신의 장점을 통해 언제 어디서든 수많은 경쟁상대자 가운데서 두각을 나타낼 수 있고, 사람들의 호감을 얻게 되어 후한 대우를 받는다.

　어느 해에 과거에 급제한 장원이 황명을 받들고자 궁에 들어와 황제를 알현했다. 하지만 장원의 용모가 워낙 못 생긴데다가 곱사등이인지라 황제는 속으로 적잖이 실망했다. 여러 대신도 몸이 불편한 장원을 얕잡아 보며 비웃었고 그의 외모를 혐오하는 사람도 부지기수였다. 그럼에도 장원은 뛰어난 재능과 학문으로 과거시험에 합격한 자신이 무척 자랑스러웠다. 그는 황제의 물음에 막힘없이 대답했지만, 여전히 누구에게도 좋은 평가를 받지 못했다.

　하지만 이런 상황은 순식간에 뒤바뀌고 말았다. 마침 그날 어떤 속국(屬國)의 사신이 황제를 뵈러 왔는데, 이미 다른 속국들과 연합하여 더 이상의 조공(朝貢)을 거부하고 분쟁을 일으키러 온 것이었다. 그래서 사신은 트집을 잡기 위해 모국어로 적힌 서신을 내밀었는데, 신하 중에 어느 누구도 선뜻 그것을 읽어내지 못했다. 황제는 애를 태웠지만 어찌할 방법이 없었다. 그때 장원이 자리에서 일어나더니 속국의 말을 잘 알기 때문에 읽을 수 있다고 아뢰었다. 그의 말을 듣고 황제뿐만 아니라 모든 대신은 의아해했다. 여태껏 국경 근처에 가본 적도 없는 그가 외국어를 할 줄 안다는 사실을 어찌 믿겠는가! 그런

데 놀랍게도 장원은 모든 이가 지켜보는 가운데 서신을 번역해냈을 뿐만 아니라, 양국의 관계 회복을 꾀하고 속국 사신을 두려움에 떨게 했다. 그때부터 장원은 황제의 깊은 신임을 얻을 수 있었다.

잠재된 능력은 드러나지 않으면 그걸로 끝이지만, 일단 겉으로 드러나면 사람들 가운데 우뚝 설 수 있다. 그렇게 되면 부를 쌓고 관운이 트이는 것은 시간문제다.

사실 언제 어디서든 자신의 장점을 살리는 것은 부를 얻는 가장 빠른 지름길이다. 아무리 보잘것없는 재주라 할지라도 하루아침에 크나큰 장점이 되어 무궁무진한 힘을 발산하며 당신에게 막대한 부를 가져다줄 수 있다.

중국 서쪽의 어느 빈곤현(貧困縣, 1인당 연평균 수입이 인민폐 700위안 이하인 빈곤 마을—옮긴이)은 최근에 가난에서 벗어난 뒤로 몇 년간 빠른 속도로 발전했다. 특히 농업 방면에서 적극적으로 기계화를 도입하며 해외에서 값비싼 기계도 사들였다. 새로 사들인 기계는 여러 가지 면에서 성능이 뛰어나고, 고장이 나더라도 전화 한 통화면 즉시 A/S가 가능했다. 그런데 사용한 지 얼마 되지 않아 기계가 갑자기 고장이 나버렸다. 이곳저곳을 살펴보던 A/S 기사는 별다른 이상이 없다고 했지만, 기계를 작동시키기만 하면 곧바로 문제가 발생했다. 이 때문에 농작물도 큰 피해를 보게 되었다. 그 후로도 몇몇 A/S 기사들이 번갈아가며 기계를 살펴보았으나 끝내 문제점을 찾지 못했다. 그러자 마을 사람들은 괜히 큰돈을 들여 몹쓸 기계만 사왔다며 야단이었다.

그렇게 3일이 지나자 마을 사람들은 뜨거운 가마 속에 있는 개미처럼 마음이 더 조급해졌다. 그때 마침 한 청년이 기계를 한 번 살펴보겠다고 나섰다. 사람들은 별 기대 없이 기계를 보여주었다. 그는 기계를 꼼꼼히 살펴보다가 기계 아래쪽으로 들어가서는 몇 분 뒤에 나왔다. 그러고는 전원을 다시 켜보았더니 정말 기적처럼 기계가 정상적으로 작동되었다.

사실 그는 너무 꽉 조여 있던 나사 한 개를 약간 느슨하게 푼 것뿐이다. 평소 트랙터를 몰고 다니며 기계라는 기계는 모조리 분해하고 조립하는 것을 즐기던 그는 어렵지 않게 고장의 원인을 알아낼 수 있었다. 그 일로 유명해진 청년은 얼마 뒤 한 자동차 공장의 엔지니어로 스카우트되었다.


당신이 곧 돈이며, 돈이 곧 당신이다. 자신의 장점을 최대한 발휘하여 다른 사람이 할 수 없는 일을 해내고 누구도 대신할 수 없는 성과를 이룬다면, 성공을 향해 나아가 자신의 꿈을 실현시킬 수 있다. 불가능이란 없다. 그저 생각이 못 미칠까 두려울 뿐이다. 따라서 자신의 장점만 살리면 성공은 식은 죽 먹기처럼 쉬워지고 돈도 끊임없이 들어온다.

# + 먼저 자신을 알고 내면을 성찰하라

　돈이 인생의 전부는 아니지만, 돈이 많으면 풍족한 삶을 누리며 도움이 필요한 사람을 돕거나 자신의 꿈을 하나둘씩 실현할 수 있다. 그런 까닭에 부를 추구하는 일은 인생에서 반드시 필요하다. 하지만 부를 추구한다고 해서 누구나 부자가 되는 것은 아니다. 심지어 뼈 빠지게 일하면서 다른 평범한 사람들보다 더 많은 대가를 치러도 부자 문턱에 가보지도 못하고 한평생 빈털터리로 지내는 사람도 있다. 그래서 흔히들 "돈 벌기가 너무 어렵고 힘들다"고 말하는데, 과연 돈을 벌기가 그렇게 어렵고 힘든 것일까? 사실 그렇지 않다. 특별한 기술이나 외적 환경, 자금 등이 부족해도 자신의 장점을 찾아내면 어렵지 않게 돈을 벌 수 있다.

　그렇다면 당신은 자신에 대해 얼마나 알고 있는가? 당신의 장점과 단점은 무엇인가? 성공하고 싶고 부자가 되고 싶은 사람이 이런 질문에 선뜻 대답하지 못한다면, 그가 가진 욕망은 한낱 꿈에 불과하다. 자기 자신을 몰라서 성공을 눈앞에 두고 실패한 경우는 예전부터 많았다. 그 대표적인 예로 항우(項羽)가 유방(劉邦)에게 패한 일을 빼놓을 수 없다.

항우는 파부침선(破釜沈船, 솥을 깨뜨리고 배를 가라앉힌다는 뜻으로 살아 돌아오기를 바라지 않고 전투에 임함을 이르는 말-옮긴이)의 각오로 막강한 진나라 군대를 격파했다. 당시 그의 사기는 하늘을 찔렀고 마땅히 대적할만한 상대가 없어서 가는 곳마다 백전백승을 이루었다. 그리하여 서초패왕(西楚覇王) 항우는 어마어마한 세력과 부를 얻으면서 물 흐르듯 순탄하게 천하를 호령했다. 그러나 '역발산기개세(力拔山氣蓋世, 산을 뽑고 세상을 덮을 만한 기상-옮긴이)'라는 칭송을 받았던 항우는 초한전쟁에서 일개 정장(亭長, 진나라 때의 작은 벼슬-옮긴이)에 불과하던 유방에게 패하고 말았다. 이는 당시 사람들도 믿기 어려운 결과였고 항우도 마찬가지였다. 결국 항우는 자신의 패배를 인정하고 오강(烏江)에서 자결하며 이렇게 말했다.

"하늘이 나를 버렸구나! 이건 결코 내 잘못이 아니다."

정말 그럴까? 물론 그렇지 않다. 항우는 그저 자신의 장단점을 제대로 알지 못한 채 무작정 전쟁터로 돌진한 무장이었다. 산수지리에 약하고 사람을 부릴 줄 몰랐던 그가 자신의 약점은 간과하고 권모술수만 꾀하자, 민심은 등을 돌렸고 참모였던 범증(范增)조차 그를 배반했다. 하늘이 그를 버렸다고? 여기서 분명한 것은 그를 버린 건 자기 자신이라는 점이다. 자신에 대한 이해 부족으로 스스로 권력을 내다버린 셈이다. 반면에 유방은 자신의 장단점을 너무나 잘 알고 있었다. 그래서 후방에서 자신이 잘하는 전략 전술을 세우고, 전투에 강한 사람을 싸움터로 내보내어 세상이 놀랄만한 큰일을 해냈다. 두 사람의 성공과 실패는 이처럼 뚜렷한 대조를 이룬다.

2008년 베이징 올림픽 때 전 세계 사람들은 세상에서 가장 빠른 사람을 주목했다. 그는 바로 100미터 단거리 세계 기록 보유자인 자메이카의 인간 탄환 우사인 볼트다. 시합 당일 우사인 볼트는 출발신호가 떨어지자마자 줄곧 선두에 나섰고, 중반 이후에는 이미 다른 선수보다 훨씬 앞섰다. 결승전에 들어서기 직전에 그는 자신의 주먹으로 가슴을 두드리며 자신감을 드러내는 여유까지 보였다. 사람들이 환호성을 지르며 감탄할 때, 아나운서는 그에 대해 간단히 소개했다.

볼트는 원래 200미터 단거리 선수였다. 그런데 훈련 도중 100미터도 잘 뛸 수 있음을 직감하고 자신의 신체상황을 철저히 분석한 뒤 코치를 찾았다. 볼트는 코치와의 테스트에서 탁월한 신체 반응속도로 기대 이상의 좋은 기록을 냈다. 확신을 얻은 코치는 그날로 볼트의 훈련 방식을 바꿨다. 스스로 장점을 찾아낸 볼트의 올바른 판단 덕분에 세상 사람들은 새로운 인간 탄환을 만날 수 있었다.

나는 어떤 사람인가? 나의 장점은 무엇인가? 또 단점은 무엇인가? 어떻게 하면 장점을 키우면서 단점을 보완할 수 있을까? 이러한 자기 성찰을 통해 자신의 장점을 깨닫고 잠재 능력을 찾아내라. 그리고 그 능력을 최대한으로 끌어올려 자신만의 부를 얻어라. 참으로 간단하고도 오묘한 진리지만 그만큼 확실한 것이 없음은 이미 성공한 사람들이 수차례 증명해주고 있다.

부를 추구하는 길은 바로, 자기 자신을 아는 것에서부터 시작된다.

＋ 생각에 날개를 달아라

　아인슈타인의 두 제자 중 한 사람은 항상 두툼한 책을 끼고 살만큼 열성적이었다. 하루는 아인슈타인이 종일 책만 들여다보는 제자에게 이렇게 물었다.
　"자네 오늘 아침에 책 봤나?"
　제자는 자랑스럽게 대답했다.
　"네, 선생님."
　"그러면 점심때는 뭘 했지?"
　제자는 더욱 득의양양하게 대답했다.
　"그때도 책을 보았습니다."
　"그럼 저녁에는?"
　제자는 아인슈타인이 자신을 칭찬해줄 거라는 생각에 환하게 웃으며 말했다.
　"아침부터 저녁까지 줄곧 책만 봤어요."
　그러자 아인슈타인은 뜬금없이 이렇게 물었다.
　"그럼 자네, 생각은 언제 하지?"
　뜻밖의 질문에 당황한 제자는 너무 놀라 입을 다물지 못한 채 아무 말도 하지 못했다.

우리는 주위에서 온종일 눈코 뜰 새 없이 바쁜 사람들을 종종 볼 수 있다. 그들은 "정말 부지런한 분이시네요."라는 주변의 격려도 많이 듣고, 본인도 오늘의 분주함이 내일 성공을 가져다주는 희망이라고 생각한다. 그러나 지나치게 바쁜 사람일수록 오히려 성공하기 어렵다. 너무 바빠서 정작 생각할 시간이 없기 때문이다. 생각할 시간을 없으면 행동해야 할 방향을 모르게 된다. 그러다가 문득 뒤돌아보면, 지금 걷고 있는 그 길이 자신이 본래 가고자 했던 방향에서 크게 벗어나 있다는 사실을 발견하게 된다. 물론 온종일 눈곱만큼도 생각하지 않는 사람은 없지만, 여기서 말하는 진정한 생각이란 외부의 방해를 받지 않는 자기 내면의 독립적인 생각을 의미한다.

'나는 생각한다, 고로 나는 존재한다.'라는 데카르트의 말처럼, 우리는 생각하기 때문에 존재의 가치를 지닌다. 독립적인 사고를 잘하는 사람은 자기 존재의 가치를 분명히 알고 끊임없이 스스로 발전한다. 또 자기가 나아가야 할 방향을 조정하면서 성공을 위해 노력한다. 그런 사람들은 무엇보다도 자신과 미래에 대한 자신감과 희망이 충만하다. 이와 반대로, 생각을 하지 않는 사람은 식물인간과 마찬가지로 어떠한 발전이나 존재의식을 논의할 수 없다.

세계적인 성공학의 대가 나폴레온 힐(Napoleon Hill)은 그의 저서 《간절히 생각하라, 그러면 부를 얻을 것이다(Think and Grow Rich)》('도서출판 더숲')에서 열심히 일만 하는 사람은 결코 부자가 되지 못한다고 말했다. 부자가 되고 싶다면 생각하라. 그저 맹목적으로 생각하지 말고 반드시 자유롭게 사고해야 한다.

10년간의 노력 끝에 세계 최대의 중국어 검색 포털사이트인 바이두(百度)를 창립한 리옌훙(李彦宏)은 고군분투하던 평범한 청년에서 중국 내 최고 부자 경영인으로 도약했다. 그가 부를 창조하는 과정은 하나의 독립적인 사고의 과정이었다.

1991년, 리옌훙은 이제 막 대학을 졸업하고 여느 졸업생들처럼 유학 신청을 했다가 비자를 받지 못했다. 계속 비자 발급을 기다릴 것인지, 아니면 고향으로 돌아가 서둘러 일자리를 구할 것인지를 고민하던 리옌훙은 고향으로 돌아가지 않고 앞날이 불투명한 '베이퍄오(北漂)'가 되었다. '베이퍄오'란 당시 신조어로, 북경에서 생활하지만 좋은 직장을 찾지 못한 지방 청년들, 즉 백수들을 지칭하는 말이다. 리옌훙도 베이징 대학의 재능 있는 졸업생이었지만, 스스로 '천국'이 아닌 '지옥'을 택했다. 그렇지만 그는 자신의 미래에 대한 명확한 계획과 확고한 신념을 가지고 있었다.

힘들게 건너간 미국 유학 시절에도 그는 사람들이 이해하기 결정을 내렸다. 박사과정을 밟을 자격이 충분했음에도 고학력이라는 좋은 기회를 포기하고 비즈니스 업계로 뛰어든 것이다. 훗날 그는 자신의 결정에 대해 이렇게 말했다.

"나는 내가 이룬 성과를 더 많은 사람이 써 주길 원했다. 다른 사람이 이미 10년간 연구해온 지루한 명제를 연구하는 것은 정말로 싫었다."

이후에 그는 미국에서의 일을 그만두고 귀국하여 자신의 사업을 시작했고 당당히 성공을 거두었다.

리옌훙의 성공담을 통해 우리가 배워야 할 점은 바로 그의 독립적인 사고방식이다. 자신의 미래에 대해 정확한 판단을 내릴 줄 아는 사람이라면, 삶의 방향을 제대로 잡고 멋진 인생을 누릴 수 있다.

물론 독립적인 사고능력을 키우는 일이 하루아침에 되는 것은 아니다. 이는 얼마나 다양한 환경을 접하는지와 밀접한 관계가 있다. 다양한 환경 속에서 풍부한 경험을 쌓을수록 좀 더 독립적으로 사고하면서 정확한 판단을 내릴 수 있기 때문이다.

이 때문에 'Money&You'에서는 수강생들의 자리배치에도 신경을 쓴다. 수업 때마다 가능한 한 지난번에 옆에 앉지 않았던 사람, 또 전혀 모르는 사람과 나란히 앉힌다. 짧은 시간이지만 새로운 사람을 만나면 그만큼 새로운 경험을 할 수 있기 때문이다. 그렇게 해서 상대방의 삶을 통해 자신의 삶을 비춰보고, 상대방과 똑같은 인생 역정을 추억할 수도 있다. 마치 장거리 여행에서 외롭고 낯선 환경에 처하면 더 많은 생각을 하게 되는 것과 같다.

사실 얼마나 많이 배웠는지는 별로 중요하지 않다. '물고기를 주는 것보다 물고기 잡는 법을 가르쳐주는 것이 낫다.'는 말처럼 배우는 과정에서 독립적인 사고를 통해 가장 중요한 것을 얻을 수 있기 때문이다.

일상에서는 이런 재미난 상황이 종종 벌어진다. 만약 직장 상사나 선생님이 한 번도 해보지 않았던 일이나 모두가 어렵다고 생각하는 일을 시키면, 열에 아홉은 이런 변명을 늘어놓는다.

"이거 한 번도 안 해봤는데, 잘못하면 어쩌죠?"

그런데 한 번도 안 해본 일은 무조건 할 수 없는 일일까? 절대 그렇지 않다. 모든 일에는 항상 처음이 있기 마련이다. 태어나서 처음으로 걷거나, 밥을 먹거나, 말을 하는 것처럼 말이다. 처음으로 해보는 수많은 일이 모여서 오늘날의 당신을 이루고 있다. 따라서 해보지 않은 일이라도 일단 시작하면, 자신의 잠재력을 불러일으켜 숨겨진 재능을 발견하거나 자신도 전혀 몰랐던 장점을 발휘하게 될지도 모른다. 그러면 부는 자연스럽게 따라올 것이다.

중국공영채널 중앙방송(cctv)의 한 유명 진행자의 원래 직업은 프로듀서였다. 그는 대중매체인 텔레비전에 정작 대중이 직접 참여하는 프로그램은 별로 없다는 생각에, '꿈의 극장

(夢想劇場)’이라는 전혀 새로운 형식의 프로그램을 기획했다. 그런데 프로그램 녹화 때마다 이런저런 사람들에게 MC 자리를 맡겨 보았지만 어느 누구도 만족스러운 진행을 하지 못했다. 그들은 하나같이 엄숙한 말투와 진지한 태도를 보여 일반 참가자들의 무대와 어우러지지 못했다. 프로그램 심의 기간이 다가오는데도 여전히 마땅한 진행자를 찾지 못하자, 그는 조급한 마음에 결국 자신이 직접 프로그램을 진행하기로 결정했다. 일단 심의만 통과하고 나서 다시 적합한 진행자를 찾을 요량이었는데, 뜻밖에도 그가 진행한 방송을 본 윗사람의 눈빛이 달라졌다.

“굳이 다른 진행자를 구할 필요 없겠네요. 당신이 계속하세요!”

그 후 프로그램이 회를 거듭할수록 그는 능숙한 진행솜씨를 보였고, 프로그램도 날이 갈수록 좋은 평가를 받았다. 마침내 그는 MC로서 안정적으로 자리 매김을 하게 되었다. 최근 몇 년간, 그가 진행한 대국민 오디션 프로그램 〈싱광다다오(星光大道)〉에서는 아바오(阿寶) 등과 같은 일반인 출신의 스타를 배출했으며, 그의 진행 솜씨는 그야말로 최고봉에 올랐다.

그가 바로 중국의 ‘국민 MC’ 비푸젠(畢福劍)이다.

물론 모든 사람이 비푸젠처럼 한 번도 해보지 못한 일에서
자신의 소질을 발견하고 큰 성공을 얻지는 않는다. 하지만 운
좋게 자신의 천부적인 재능과 장점을 보았다면, 어둠 속에서
한 줄기 빛을 향해 나아가듯 고집스럽게 그 방향으로 걸어가라.

영어 실력이 형편없는 사람이 있었다. 어느 날 그는 현재의
삶에 만족하며 평범하게 살아가기 싫다는 생각에 자신의 한계
를 극복하기로 결심하고 곧바로 영어공부를 시작했다. 그는
모든 열정을 쏟아내며 하루 4시간씩 미친 듯이 큰 소리로 영
어책을 읽었다. 그러는 사이 자신감도 생기고, 얼마 뒤에는 남
에게 영어를 가르칠 정도의 실력도 쌓였다. 그렇지만 그는 거
기서 멈추지 않았고, 끊임없이 교수법을 개선하고 다듬어 마
침내 '미친 영어(Crazy English)'라는 완전히 새로운 영어 공
부법을 완성했다.

그가 바로 리양(李陽)이다. 그는 꾸준한 노력을 통해 영어
실력을 끌어올리고 자신의 한계에서도 벗어났다. 그가 만든
'미친 영어'는 또 하나의 기적이 되었다.

우리는 늘 '할 수 없다'는 생각으로 자신을 구속하곤 한다.
그러면서 자신의 영감을 옭아매고 타고난 재능과 장점들을 제

대로 발휘하지 못한다. 행동하지 않으면서 어찌 부를 얻겠다고 말하는가? 어느 큰스님의 말처럼, 이 세상에는 못 하는 일은 없고 하기 싫은 일만 있을 뿐이다. 일단 뭐든 해봐야 결과를 알 수 있다. 혹시 실패한다 해도 값진 경험이 될 것이고, 그 반대로 성공한다면 자신도 몰랐던 장점을 깨닫게 되어 새로운 인생을 펼칠 수 있다. 말하자면, 행동으로 얻게 되는 결과는 그것이 성공이든 실패든 부를 얻는 데 좋은 디딤돌이 된다.

물고기를 주는 것보다 물고기 잡는 법을 가르쳐주는 것이 낫다.

# CHAPTER
# 02

잘못된 점을 깨닫고,
자신의 장점에 투자하라

완벽한 인생이 없다는 것은 누구나 알고 있다. 우리는 늘 외부의 압력과 도전을 극복해야하며, 자신의 약점 때문에 때때로 좌절과 실패에 부딪힌다. 그렇기 때문에 우리는 인생이 이처럼 불완전하고 사람이기 때문에 좌절하며 실수할 수 있다는 사실을 인정해야 한다. 힘들다고 쉽게 낙담하거나 포기하는 것은 결코 옳은 선택이 아니다. 차라리 자신의 실수를 깨닫고 좌절을 극복하며 그 불완전함마저 즐겨야 한다.

동서고금을 막론하고 이런 경우는 일일이 열거하기 어려울 정도로 많다. 테니스계의 영원한 라이벌 로저 페더러(Roger Federer)와 라파엘 나달(Rafael Nadal)은 누가 더 뛰어난 선수인가를 두고 사람들의 논쟁이 끊이지 않았다. 두 사람의 승부는 영원히 결론날 것 같지 않았다.

페더러는 나달에게 자리를 빼앗기기 전까지 몇 년간 줄곧 세계 랭킹 1위의 영예를 지켰다. 그는 수차례의 우승 기록과 연승 기록을 가지고 있으며 그랜드슬램을 여러 번 달성했고 US오픈 다승기록도 세웠다. 잔디 코트에서는 그와 대적할 상대가 없어서, 팬들로부터 '테니스의 황제'라는 영광스러운 별명도 얻었다. 페더러에 밀려 오랫동안 2위 자리에 있었던 나달도 심기일전하여 연승을 거둘 만큼 경쟁할 상대가 없었다. 특히 그는 클레이코트(정확히 말하면 '소프트코트' 다. 구멍이 많고 물이 잘 스며드는 천연 점토 혹은 가공 점토로 만들어진 테니스 코트를 말한다.)에서 무려 6, 70차례 이상의 연승 성적을 거두었다. 2008년 베이징 올림픽에서는 나달이 테니스 남자 단식 금메달을 차지했다. 이는 페더러가 유일하게 금메달을 따지 못한 올림픽이었다. 두 황제의 실력을 두고 팬들 사이의 논쟁이 여전할 때, 한 베테랑 전문가는 페더러와 나달 모두 천재적인 테니스 선수이자 테니스의 황제이지만 다음과 같이 장점이 다를 뿐이라고 결론지었다. 페더러는 오른손잡이에다가 상황 판단이 빠르고, 공격과 방어 모두 완벽하며, 잔디 코트에서 유리하다는 특징이 있는 반면에, 나달은 왼손잡이에 살인적인 파워를 지녔고, 공격과 수비가 평형을 이루며, 클레이코트에서 우세하다며 둘 사이의 차이점을 지적했다.

전문가의 말처럼 두 사람은 각기 다른 장점을 지녔으나, 나달은 페더러와의 대결에서 아쉽게도 번번이 2위에 그쳤다. 사람들의 눈에는 세계 2위 자리도 대단해 보이겠지만, 나달 본인에게는 크나큰 좌절과 실패의 연속이었다. 하지만 나달은 거듭된 실패에 넘어지는 순간에도 강인한 정신력과 이성으로 자신만의 장점을 찾기 시작했다. 수많은 시합을 치르면서 자신의 새로운 인생을 개척해나간 것이다. 완벽하지 않은 그의 삶이 오히려 더 멋진 인생길을 열어준 것이다.

만약 페더러와 나달이 흠잡을 데 없이 완벽했다면, 그들은 좌절도 모르고 성장할 필요도 못 느꼈을 것이다. 그 결과 그들의 삶은 아무 변화도 없는 심연에 빠졌을지 모른다. 하지만 불완전함이 가져다주는 불확정적인 상황은 그들이 무한한 가능성을 지닐 수 있게 해주었다. 우리 삶 역시 이와 똑같은 이유로 다채로워진다. 그러므로 살면서 겪게 되는 좌절과 실수는 우리의 친구이자 성공을 돕는 든든한 지원자라는 사실을 잊지 마라.

우리는 자기가 저지른 실수 때문에 자신을 원망하고 좌절해서 다시는 일어서지 못하는 사람들을 종종 보게 된다. 그러나 '하늘의 운행은 거침이 없다. 군자는 이를 본받아 스스로를 강하게 하는 데 쉼이 없어야 한다(天行健, 君子以自彊不息)'는 말처럼, 하늘은 모든 사람에게 공평하며 실패한 만큼의 성공을 준비해놓는다. 운명이란 각자의 손안에 있으니, 이제 당신이 어떤 선택을 하느냐에 달라질 것이다.

KFC 할아버지로 유명한 할랜드 데이비드 샌더스(Harland David Sanders)는 열두 살 때부터 일을 시작해서 미장이, 소방관, 보험 판매원, 군인 등 안 해본 일이 없었다. 그는 법학 학위를 취득하여 캔자스 주 리틀록에서 보안관 일을 한 적도 있다. 그럼에도 그는 마흔이 되기 전까지 몹시 가난해서 정처 없이 떠돌아다녔다. 그러다가 마흔이 되던 해에 새롭게 시작한 프라이드 치킨 사업이 날이 갈수록 번창해, 그는 마침내 인생의 밑바닥에서 빠져나오는 데 성공했다. 하지만 성공은 그렇게 완벽하지 못했다. 2차 세계대전이 일어나자 사업은 불황을 면치 못했고, 그는 어쩔 수 없이 가계 문을 닫아야 했다. 56세의 샌더스는 또다시 구제기금을 받아 근근이 지낼 만큼 가난하기 그지없었다. 그러나 그는 꿋꿋이 일어나 두 번째 사업을 시작했고, 마침내 새로운 조리법과 가공법으로 만든 프라이드 치킨으로 성공을 이뤄냈다. KFC는 바로 그렇게 탄생했다.

끝없는 인생길에서 자신이 선택한 길이 옳다고 그 누가 장담할 수 있겠는가? 때로는 실수도 하고 좌절을 겪기 마련이다. 그러므로 끊임없이 자신을 고쳐나가면 언젠가는 성공할 수 있다. 이와 반대로 잘못을 저질렀다고 자책하면서 상황을 직시하지 않고 잘못을 고치지도 않는다면, 우리는 정체되거나 샛길로 빠질 수 있다. 인생은 자신의 잘못을 발견하고 이를 수정해 나가는 하나의 과정이다. 쉽게 멈춰서는 일은 없는지 혹은 잘못된 방향으로 빗나가지는 않는지 항상 주의하고, 잘못된 점이 발견되면 개선하고 수정할 준비가 되어 있어야 한다.

　성공한 사람들을 보면 어떤가? 그들을 맹목적으로 따라 하기 바쁜가, 아니면 그저 묵묵히 자신에게 맞는 길을 찾아가는가? 부럽다고 무조건 따라 하는 것은 자신의 장점을 똑똑히 알고 자기 삶을 착실하게 살아가는 것만 못하다. 자기에게 맞는 길이 가장 쉽게 성공하는 길이기 때문이다. 그렇지 않으면 이 소년처럼 자아를 잃어버릴지도 모른다.

　춘추전국시대 연(燕)나라의 수도인 수릉(壽陵)에 한 청년이 살고 있었다. 그는 부족한 것 없이 살았지만 열등감이 많아서 여러 가지로 자신이 남보다 못하다고 생각했다. 심지어 자신의 걸음걸이조차도 형편없다고 여겼다. 그러던 어느 날, 그는 조(趙)나라 수도인 한단(邯鄲) 사람들의 걸음걸이가 멋있다는 말을 우연히 듣게 되었다. 그래서 그는 직접 한단에 가서 그들의 걸음걸이를 배워보기로 했다.
　한단에 도착한 그는 먼저 발랄하고 경쾌한 어린 아이들의 걸음걸이를 눈여겨보며 흉내 내기 시작했다. 그러다가 노인들의 중후한 걸음걸이가 멋지다며 따라해 보았다. 또 잠시 뒤에는 하늘거리는 부녀자들의 가벼운 걸음걸이를 흉내 냈다. 그러는 사이 날은 어두워졌지만 그는 그 어떤 걸음걸이 하나 제대로 따라 하지 못하고, 자신의 예전 걸음걸이조차 잊어버리고 말았다. 결국 그는 기다시피 집으로 돌아왔다.

이 이야기의 교훈은 다른 사람의 장점을 무작정 따라 해서는 안 된다는 것이다. 그것은 당신에게 어울리지 않을뿐더러 당신의 장점마저 잃게 된다.

이 같은 비극은 중국 축구에서도 벌어졌다. 원래 중국 축구는 그렇게까지 형편없지 않았다. 특히 2002년 한일 월드컵에서는 중국 대표 팀의 위풍당당한 면모를 볼 수 있었다. 예선전에서 보여준 중국의 '작지만 빠른' 플레이는 축구팬들의 기억 속에 여전히 생생하다. 중국 팀은 자신들의 장점을 충분히 살려서 경기마다 강한 상대를 물리치고 월드컵 본선 진출권을 따냈다. 당시 중국 축구는 모든 중국인의 자랑거리였고, 축구팬들의 자부심도 대단했다. 그러나 이후 중국 축구는 서양의 축구기술을 마구잡이로 받아들이기 시작했다. 하루는 동유럽의 高舉高打 기술(전술의 하나로 세터가 공의 위치를 비교적 높이 잡고, 주공격수가 힘껏 스매시하는데, 스매시한 선이 수직에 가깝고, 공이 떨어지는 지을 배우다가, 또 하루는 서유럽의 地面滲透 기술을 훈련했다. 또 유고슬라비아의 방어기술을 익히다가도 네덜란드의 공격기술을 배우느라 바빴다. 하지만 이렇게 온갖 어려운 훈련을 받은 중국 팀은 정작 어느 것 하나 완벽하게 배우지 못했고, 오히려 중국 팀 특유의 거침없는 플레이와 뛰어난 공격력마저 더 이상 볼 수 없게 되었다. 그러다 보니 요즘 중국 축구는 한가한 휴식 시간의 이야깃거리로 전락하고 말았다. 유럽 축구가 뛰어난 것은 사실이지만 중국 축구에는 적합하지 않았던 것이다. 이처럼 남의 것을 맹목적으로 받아들이면 자신만의 장점도 잃어버릴 수 있다.

한편 자기 장점을 잘 알고 있는데도 사람들의 기호에 영합하기 위해 어설프게 남을 모방하거나 남의 장점을 따라 배워도 좋은 결과를 얻을 수 없다.

흔히들 신년특집영화라 하면, 대다수의 중국 사람은 '신년특집 단골'인 펑샤오강 감독의 영화를 떠올린다. 최근 몇 년 동안 몇몇 실력파 감독들이 좋은 작품을 내놓지 못하자, 신년특집영화는 거의 펑샤오강이 독차지했다. 이 때문에 펑샤오강은 많은 이들의 부러움과 질투를 샀다. 그리고 그 영광을 함께 누리길 원했던 감독 중에는 장이머우(張藝謀)도 있었다. 다채로운 색채와 웅장한 연출력이 장점이었던 장이머우는 뜬금없이 펑샤오강처럼 코미디 영화를 만들기 시작했다. 그가 심혈을 기울여 제작한 〈삼창박안경기(三槍拍案驚奇)〉가 개봉되자, 관객들은 좋은 점이라고는 하나도 없는 실망스러운 영화라며 비평의 목소리를 높였다. 이는 장이머우 감독도 전혀 예상하지 못한 결과였다. 이후 그가 다시 〈진링의 13소녀(金陵十三釵)〉라는 진지한 역사영화를 만들자, 사람들은 거장 장이머우가 다시 돌아왔다며 극찬을 아끼지 않았다.

비즈니스 업계에서도 무분별한 모방으로 실패를 맛본 예는 비일비재하다. 누군가가 소프트웨어로 큰돈을 벌면 너나 할 것 없이 그 분야에 손을 댄다. 또 어떤 기업이 훌륭한 관리방식 덕분에 크게 성장했다면 모두들 그대로 답습하기 바쁘다. 하지만 차분한 성격의 사람이 말솜씨가 좋은 사람을 무작정 따라하면 안 된다. 친근하고 유쾌한 사람이 진지한 사람의 모습을 보고 배워서도 안 된다. 사람들은 서로 다른 재능과 약점을 가지고 있으며, 장단점이 다르기 때문이다. 자기가 잘하는 일을 해야 가장 성공하고, 자신에게 어울리는 것이 가장 좋은 것이다. 그러므로 독립적으로 생각하고 판단해서 자신을 똑바로 알고 자신에게 가장 적합한 길을 찾아라.

# + 사람은 지문처럼 고유의 특성을 타고난다

지문 분석의 원리는 국내외 수많은 의학전문가에 의해 증명되었으며, 현재도 여러 '의학유전학' 관련 책에서 해석이 진행 중이다. 중국 유전학계의 권위자이자 일찍이 교육부와 위생부, 헤이룽장성 정부로부터 과학기술 진보상 등을 받은 하얼빈 의과대학 류한장(劉漢章) 교수의 저서 《유전자문(遺傳咨詢)》에는 이렇게 적혀 있다. '사람의 지문은 임신 13주부터 생기기 시작하여 임신 19주 때에 완성된다. 지문은 일단 형성되면 평생 변하지 않으며, 형성기에 이미 유전적 요소와 환경의 영향을 받아서 결정된다.'

지문은 알다시피 사람의 손바닥과 손가락, 발바닥과 발가락 안쪽 피부의 울퉁불퉁한 주름이다. 이는 태아발육 초기에 형성되며, 태어난 뒤에는 변하지 않아서 비교적 안정성과 객관성을 지닌다.

영국 〈선데이타임즈〉 기사에 따르면, 몇몇 스페인 과학자가 140명의 아이들을 대상으로 손금을 연구한 결과, 사람의 지문을 분석하면 그 사람의 지능지수와 타고난 성격을 알 수 있다고 한다.

이 결과를 보고 지문 분석이 중국 고대의 관상학과 같은 맥락이라고 말하는 사람도 있을 것이다. 하지만 결코 그렇지 않다. 지문학은 관상학과는 달리 일종의 과학이며 유전성을 가지고 있다. 지문의 형태는 염색체 유전자의 제어를 받으며, 지문의 배열형식은 폴리진(polygene, 어떤 유전 형질에 관여하는 다수의 유전자—옮긴이)이 유전되는 것이라, 유전학자들은 이러한 지문을 두고 '유전인자가 몸 밖으로 드러난 것'이라고 말한다. 일반적으로 체력이나 민첩함의 차이, 학습태도, 학습기억방법, 운동능력 및 일부 유전적 질병 등과 매우 밀접한 관계가 있으면서도 그 독특함과 고유성을 지닌다.

지문 분석을 통해 사람은 각자가 그 무엇으로도 대신할 수 없는 유일한 존재라는 이치를 깨닫는다. 누구나 타인에게는 없는 고유의 인격적 특징을 가지는 것이다. 그러한 특징에는 타고난 재능과 장점은 물론, 결점이나 단점도 포함된다. 그러므로 자신이 가진 단점 때문에 하늘을 원망하거나 남을 탓할 필요는 없다. 대신 자신의 장점을 제대로 살려서 꿈을 이루면 된다.

프랑스 작가 알렉상드르 뒤마(Alexandre Dumas)는 이름이 알려지기 전에는 몹시 가난했고 모든 일이 뜻대로 풀리지 않앉다. 한번은 그가 파리에 사는 부친의 친구를 찾아뵙고 일자리를 부탁한 적이 있었다.

그러자 그 사람이 물었다.

"자네는 뭘 할 줄 아는가?"

"특별히 잘하는 것은 없습니다. 어르신."

"성적은 어땠나?"

"별로 좋지 못했습니다."

"혹시 물리나 생물은 잘 아는가?"

"모릅니다."

"회계나 법률은 어떤가?"

뒤마는 부끄러운 듯 고개를 내저었다. 그는 처음으로 자신이 무능력하다고 생각되었다. 잠시 동안 침묵이 흐른 뒤 뒤마가 말했다.

"지금부터라도 달라지겠습니다. 어르신도 만족할 만한 결과를 보여드리겠어요."

"당장은 어떻게 지낼 생각이지? 일단 주소라도 남겨두게."

뒤마는 쑥스러워하며 자신의 주소를 종이에 써내려갔다. 그러자 그가 말했다.

"글씨를 아주 잘 쓰는군. 자네 재주가 여기 있었네!"

그 후로 뒤마는 글씨를 쓰는 것만큼 글을 잘 쓰도록 노력했고, 마침내 위대한 작가가 되었다.

　사실 지문을 분석하는 일은 그리 중요하지 않다. 지문에서 나타난 재능이나 성격은 이미 우리가 지닌 것이기 때문이다. 물론 지문 분석을 통해 자신의 장점을 알 수도 있지만 장점을 아는 것만이 목적은 아니다. 끊임없는 노력으로 자신의 장점을 발휘하고 자기 일을 개척해 나가며 멋진 인생을 창조하는 것이 최종 목표일 것이다.

# + 단점만 고치면 평범한 사람이 될 뿐이다

　사람이면 누구나 장단점을 가지고 있다. 그런데 자라면서 남들과 경쟁하면, 사람들은 대개 장점은 키우고 단점은 피하라고 말들을 한다. 장점이 있듯 단점이나 결점이 존재하지만, 장점만 부각시킬 수 있다면 더할 나위 없이 완벽할 것이다. 이와 반대로 단점만 붙잡고 늘어져서 괴로워해서는 안 된다. 그럼에도 자신의 부족한 부분을 메우느라 거기서 영영 벗어나지 못하는 사람들이 있다.

　역사상 유명한 전투 중 하나인 적벽대전을 모르는 사람은 없다. 이 전투는 80만이나 되는 조조의 '맥주병' 군사들이 손권과 유비가 연합하여 조직된 5만의 '수영 선수급' 군사들과 벌인 해전으로, 모두가 알다시피 조조의 처참한 패배로 끝이 났다. 이후 조조는 더 이상 강남땅을 넘볼 수 없었다.

　막 전투가 시작되었을 때, 조조 대군은 양쯔강의 험난한 요새도 두렵지 않을 만큼 사기가 드높았다. 조조 진영에는 해상 전투에 강한 채중, 채화 형제가 있기 때문에 손권과 유비의 동맹군과 맞붙어도 충분히 승산이 있었다. 그런데 채씨 형제가 주유의 이간책으로 죽음을 당하자, 조조 대군은 단번에 열세에 몰리고 말았다. 안에서는 이미 실패의 싹이 자라고 있었음에도 조조는 이런 불리한 상황에도 결판을 내기로 마음먹고 서둘러 단점을 보완하는 데만 애를 썼다. 하지만 조조의 군사들은 역병과 향수병에 시달려서 몸도 마음도 편치 못했고 해상 전투에도 익숙하지 않았다. 어서 고향으로 돌아가고 싶었던 조조 대군은 자신들의 단점을 극복하지 못했을 뿐만 아니라 장점도 제대로 발휘하지 못하고 피할 수 없는 참패로 끝을 맺고 말았다. 이것은 조조 생애에 가장 유감스러운 일일 것이다.

사람들은 자신의 결점에 얽매여서 해결할 수도 없는 문제들에 고집스럽게 집착하곤 한다. 그런데 이런 일은 동물의 세계에서도 흔히 볼 수 있다.


초등학교 때 내가 살던 집은 흙벽돌로 지은 집이어서 도마뱀붙이, 거미, 쥐 등을 종종 발견할 수 있었다. 하루는 우연히 벽 모퉁이 구석에 붙어 있는 도마뱀붙이를 보고는 호기심에 조용히 다가가서 지켜보았다. 도마뱀붙이는 인기척을 느꼈는지 갑자기 벽을 기어오르기 시작했다.

원래 도마뱀붙이는 벽을 잘 기어오르는데, 벽면이 거칠수록 다리의 빨판을 충분히 활용하여 더욱 잘 기어올랐다. 위쪽으로 기어오르던 도마뱀붙이는 순식간에 처마 밑까지 도달했다.

나는 그 녀석이 곧 처마의 갈라진 틈 사이를 뚫고 들어갈 것으로 생각했다. 하지만 내 예상과 달리 녀석은 거기서 갑자기 땅바닥으로 떨어졌다. 떨어진 도마뱀붙이는 데굴데굴 구르다가 다시 빠른 속도로 벽을 기어오르기 시작했다. 녀석도 무척 당황했는지, 조금 전보다 더 재빨리 위로 기어 올라갔다. 얼마 후 도마뱀붙이는 다시 처마 밑까지 올라갔지만, 아까 그 지점에서 또다시 땅으로 떨어졌다. 그래도 녀석은 포기하지 않았다. 도마뱀붙이는 위쪽을 향해 또 기어오르기 시작했다.

그렇게 녀석은 기어오르고 떨어지기를 끝없이 반복했고, 갈수록 기어오르는 속도는 느려졌다. 결국 맨 마지막으로 떨어진 후에는 약간의 미동도 없이 그대로 죽어버렸다.

나는 도마뱀붙이가 왜 자꾸 떨어지는지 궁금해서 큰아버지에게 여쭈어보았다. 그러자 큰아버지는 처마 바로 밑은 빗물이 스며들지 않게 하려고 흙벽돌이 아니라 매끈한 유리로 되어 있다고 말씀하셨다. 작고 약한 빨판으로 미끄러운 면을 기어올라가는 것은 어려운 일이다. 그런데도 도마뱀붙이는 몇 번이고 되풀이하면서 진을 빼는 바람에, 결국은 하찮은 목숨을 버리고 말았다.

이처럼 단점이 있는 분야에 무리하게 도전하면 안 된다. 단점보다는 장점에 더 힘을 보태야 적은 노력으로도 많은 성과를 올릴 수 있다. 부족한 점을 메우는 일은 인생을 살아가는 데 있어도 되고 없어도 되는 작은 부품일 뿐이다. 인생은 생각보다 짧다. 그런데도 단점을 보완하겠다는 목표만 가지고 살아간다면 아마 평생 성공하지 못할 것이다.

어떻게 하면 도마뱀붙이처럼 되지 않을까? 아래 방법을 참고하라.

첫째, 새로운 방법을 시도하라. 어떤 일에 여러 차례 실패했다면 그 부분이 당신의 약점은 아닌지 곰곰이 고민해보라. 만약 그렇다면, 되도록 빨리 다른 방법을 시도해야 한다.

둘째, 수차례의 실패를 맛본 일이 심각한 결과까지 초래할 수 있다면, 절대로 요행심만 가지고 그 일에 다시 도전하지 마라.

셋째, 가장 명심할 점은 아무리 작은 힘이라도 당신의 약점에 낭비하지 말라는 것이다.

# + 뛰어난 사람도 포기할 줄 알아야 한다

절대 멈추지 않고 앞만 보고 달려야 부를 얻는 것은 아니다. 때로는 적당한 때에 멈추거나 포기할 줄도 알아야 한다.

옛날에 무엇이든 척척 해낸다고 소문난 도사가 있었다. 하지만 사람들은 선뜻 그의 재주를 믿지 않았다. 그러자 도사는 사람들 앞에서 보란 듯이 산을 온통 금으로 바꾸거나 강물을 불어나게 했다. 사람들이 그의 재주에 감탄하자 도사도 우쭐거리며 거드름을 피웠다.

그때 마침 한 늙은이가 도사에게 말했다.

"혹시 돌 하나 그릴 수 있소?"

도사는 그게 뭐 어렵겠느냐며 재빨리 커다란 돌을 하나 그리고는 스스로 만족스러워했다. 그러자 늙은이가 말했다.

"거기 말고 당신 등에 그릴 수 있느냐 말이오."

도사는 늙은이의 말에 아무런 대답도 하지 못하고 어물쩍거리더니 슬그머니 그 자리를 떠났다.

이처럼 제아무리 능력 있는 사람이라 해도 할 수 없는 일이 반드시 있기 마련이다. 이것은 누구나 다 아는 사실이므로 굳이 더 말할 필요는 없다. 자신의 능력으로 해낼 수 없는 일을 인정하고 포기하는 것은 어쩌면 인생의 새 경계선이라고 할 수 있다. 일찍이 전국시대의 맹자는 '아무리 좋은 음식이라도 물고기와 곰 발바닥을 동시에 얻을 수 없다'는 말로 사람들에게 깨우침을 주었다. 달이 빛을 내는 능력을 포기한 것은 밤의 신비로움을 얻기 위함이다. 갈릴레이가 자신의 자유를 포기하며 연구를 거듭했기에 뉴턴이 '거인'의 어깨 위에 앉아서 그처럼 위대한 업적을 남길 수 있었다. 빌 게이츠도 하버드 대학 학위를 포기했기에 비즈니스 업계의 신화로 성공할 수 있었다. 그러므로 포기해야 할 것을 포기하면 좀 더 장점에 집중할 수 있고 크게 성공할 수 있다.

그런데 유혹에 빠지면, 특히 돈이나 성공에 현혹되면 어느 누가 쉽게 '포기'를 할 수 있을까? 하지만 '모든 것은 극에 달하면 반드시 뒤집히고, 물도 차면 넘친다.'라는 말처럼, 이 세상에는 물을 한없이 담을 수 있는 그릇은 없고, 항상 더하기만 하는 삶을 살 수도 없다.

춘추시대 월(越)나라 왕 구천(句踐)은 신하들의 말을 듣지 않았던 자신의 잘못을 뉘우쳤기에, 충신인 문중과 범려가 더 큰 공을 세울 수 있었다. 그러나 이름을 떨친 후에 문중이 명

리와 권력을 탐했고, 공을 세웠으니 관직에서 물러나자는 범려의 건의도 받아들이지 않았다. 결국 문중은 구천이 하사한 검으로 스스로 목숨을 끊고 말았다.

여섯 주(州)를 정복하고 제후들을 모두 죽여 중국을 통일한 진시황은 역사상 전례가 없을 만큼 위풍당당했다. 하지만 정권을 잡은 그는 적당한 때에 그만둬야 한다는 가장 기본적인 도리도 깨닫지 못하고, 막대한 돈을 들여 아방궁을 짓고 수많은 노동력을 착취하여 만리장성도 세웠다. 결국 진시황이 죽은 뒤 얼마 되지 않아 진나라에서는 농민들의 궐기가 들끓듯이 일어났고, 진나라는 역사의 뒤안길로 쓸쓸히 사라졌다.

괴테는 "생명의 모든 수수께끼는 바로 생존을 위해 생존을 포기하는 데 있다."고 말했다. 인생은 선택이다. 능력이 안 되면 일찌감치 포기를 택해야 한다. 심지어 능력이 있어도 포기해야 하는 경우도 있다. 포기는 선택의 예술이자 인생의 필수 과목이며 일종의 지혜다. '총명한 자는 아직 돋아나지 않은 싹도 볼 수 있고, 현명한 자는 아직 드러나지 않은 위기도 모면한다.'라고 했다. 포기할 수 있어야 좀 더 너그럽고 현명한 사람이 될 수 있다. 과감한 포기가 없으면 훌륭한 선택도 없다.

중국최대 인터넷 상거래전문 회사인 아리바바(阿里巴巴)의 창시자 마윈(馬雲)은 원래 대학 졸업 후에 항저우전자공업

대학에서 영어를 가르쳤다. 그래서 비교적 수입이 안정적이고 경제적 형편이 여유로워 이미 만족스러운 생활을 하고 있었다. 그러나 마윈은 버릴 줄 아는 사람이었다. 1995년에 미국에서 인터넷이라는 것을 처음 접한 그는 그 가능성을 보고 귀국 후 얼마 되지 않아 안정적인 직장을 그만두었다. 그리고 '중국황예(中國黃頁)'라는 회사를 차려 낯선 네트워크 세계에 발을 들였다. 주위 사람들은 모두 그를 이해할 수 없었지만, 그는 다른 사람의 말에 개의치 않고 자신의 생각을 끝까지 밀어붙였다. 꿈을 위해 안락한 삶을 포기하며 열심히 노력했던 마윈은 마침내 큰 성공을 거두었다.

포기란 또 다른 어떤 것에 대해 한 단계 새롭게 발전하는 것이라고 할 수 있다. 어차피 손에 쥐고 있다고 해서 그것이 전부 다 내 것은 아니다. 또 가지고 있는 것을 모두 마음에 담아 둘 수 있는 것도 아니다. 인생은 시시때때로 우리에게 스스로 포기할 것을 종용한다. 세상에는 좋은 것이 너무 많기 때문에 그중에서 자신이 가장 원하는 것을 추구해야 비로소 가치 있다고 할 것이다.

# 03

당신의 장점을
찾아라

한유(韓愈)의 명저 《사설(師說)》에는 '기술과 학업에도 전공이 있다(術業有專攻)'라는 말이 있다. 어떠한 일을 하더라도 반드시 전문적으로 연구하고 집중하라는 말이다. 사실 한 분야의 전문가가 만능재주꾼보다 더 쉽게 성공한다. 자신의 장점을 한 분야에 집중적으로 발휘한다면 좀 더 수월하게 성과를 거둘 수 있다.

별거 아닌 장점이라도 절대 우습게 여겨서는 안 된다. 작은 장점도 집중적으로 살리면 자신도 모르는 사이에 성공을 이룰 수 있기 때문이다.

옛날 어느 마을에 오랫동안 가뭄이 들어 모든 농작물이 메말라버리고 호수도 바닥을 드러낸 적이 있었다. 마을에 당장 먹을 물조차 없자, 촌장은 주민들을 시켜 우물을 파게 했다. 그러자 주민 한 명이 삽을 들고 나와 열심히 땅을 파기 시작했다. 그런데 1미터 정도 파내려 가도 물은 보이지 않다. 그는 너무 실망해서 일할 의욕을 잃었고, 나중에 다른 곳이나 파보겠다며 손을 놓았다. 두 번째 주민은 자신감이 넘쳐서 하늘이라도 뚫을 듯한 기세로 땅을 파내려갔다. 그는 땀을 비 오듯 흘렸지만 역시 물을 발견하지는 못했다. 결국 그도 여기에는 물이 없는 것이 분명하다면서 다른 곳을 찾아갔다. 세 번째 주민은 원래부터 성격이 급했다. 그는 몇 번 삽질을 하다가 물이 나오지 않자 화만 잔뜩 내며 가버렸다. 네 번째 주민은 재미있는 사람이었다. 그도 혼자서 파내려갔지만 물이 나오지 않자, 더 이상 다른 곳을 파볼 생각은 하지도 않고 그냥 그곳에 누워 자 버렸다. 결국 마지막 다섯 번째 주민이 우물을 파냈다. 그는 나긋나긋한 성격이라 일을 할 때도 서두르거나 게으름을 피우는 법이 없었다. 특히 그 다섯 사람 가운데 가장 인내심이 강했다.

사실 다섯 번째 주민에게 별다른 비결이란 없었다. 그는 그저 자신의 장점인 인내심을 최대한 발휘하여 땅을 파는 데 집중했고, 그러다 보니 저절로 일이 해결된 것이다. 한마디로 이야기하면 자신의 장점에 집중하는 것이 성공에 이르는 가장 쉽고 빠른 통로라는 것이다.

예전에 중국 사람들은 대화 주제로 자동차 이야기만 나오면 체면이 서지 않았다. 중국 땅을 달리는 자동차의 대부분은 외제 명품 자동차였기 때문이다. 체리(CHERY)나 지리

(GEERY) 등 몇몇 중국 브랜드의 자동차들은 세계적인 브랜드와는 비교조차 되지 않았다. 그런데 과학 기술이 하루가 다르게 발전하고 에너지를 절약할 수 있는 환경 자동차로 사람들의 시선이 집중되자 그런 시대의 요구에 맞춰 새로운 에너지 자동차가 속속 등장하고 있다. 그러자 중국에서도 전기자동차를 전문으로 하는 BYD Auto가 무서운 속도로 중국 자동차 시장을 점유하고 있다. 심지어 세계적인 주식투자가 워런 버핏도 그들의 앞날을 밝게 내다보았다. 그렇다면 BYD의 장점은 과연 무엇일까? 바로 그들이 개발한 전기자동차용 전지에 있다. 모든 전기자동차의 취약점은 전지부분이다. 그런데 BYD는 이 부분을 개발하는 데 성공하면서 중국 국민에게 자부심을 심어주었다. BYD는 자동차를 개발하기 전에 본래 전지를 집중적으로 연구하던 회사였는데, 이 점이 곧 그들만의 장점이 된 셈이다. BYD는 자동차용 전지의 한계를 깨고 누구에게나 칭찬받을 만큼 훌륭한 성과를 거두었다. 이제 중국에서 새로운 에너지 자동차 분야에서는 BYD를 따라올 곳이 없다. 회사의 장점을 살리는 데 집중한 덕분에 BYD는 경쟁이 치열한 자동차 업계에서 막강한 경쟁력을 유지할 수 있었다.

'남다른 것 하나만 있으면 평생을 먹을 수 있다'는 속담이 있다. 한 가지 장점이라도 끈기 있게 매달리면 성공이 그리 어려운 일은 아니다. 이와 반대로, 얕은 지식으로 맹목적으로 일만 하면서 뭐 하나 깊이 파고들지 않는다면, 조만간 그 분야의 전문가들에게 추월당하고 말 것이다. 그렇다고 자신의 장점에 집중하느라 다른 것에는 전혀 관심을 두지 말라는 말은 아니다. 그와 관련된 여러 분야에도 광범위하게 관심을 두면서 자신의 장점을 철저하게 파고들어 그 분야의 '최고'가 되라.

사회와 과학기술이 하루가 다르게 발전함에 따라 경쟁도 갈수록 치열해지고 경쟁자도 많아졌다. 이제는 어느 분야든 경쟁자가 존재한다고 해도 과언이 아니다. 그래서 어떻게 하면 그 속에서 절대적인 우위를 차지하며 이길 것인가 하는 문제가 기업이나 개인 모두의 도전과제가 되었다.

경쟁에서 이기고 싶다면 두말할 것도 없이 강력한 경쟁력이 필요하다. 기업을 위해 가치를 창조하고 타인에게 이익을 주며 필요한 것을 제공할 수 있는 사람은 경쟁에서 가장 강력한 경쟁우위를 가지는 핵심인물이라 할 수 있다.

중국의 레노보(Lenovo) 그룹은 IBM의 PC사업을 인수하고 세계 3대 PC 제조회사가 되었다. IBM 중국지구 총재인 저우웨이쿤(周偉焜)은 레노보 그룹과의 합작을 선택한 것에 대해 이렇게 말했다.

"레노보 그룹은 중국 제1의 PC회사다. 중국 내에서 지명도와 시장점유율이 가장 높다. 또한 소기업과 개인소비자에 대한 전문성과 고효율의 운영플랫폼도 가지고 있다. 게다가

IBM의 글로벌 마케팅과 융자, 서비스 네트워크가 연합하여 완벽한 결합을 이루었다.”

레노보 그룹은 다른 기업들이 대신할 수 없는 고품질의 서비스를 제공하며 IBM의 발전에 강한 힘을 실어주었기 때문에 IBM의 동반자가 되었다.

이와 마찬가지로 직장 내에서 자신의 발전 공간을 키우고 더 많은 보수를 받고 싶다면, 시간을 들여서라도 자신의 가치를 끌어올려야 한다. 전문적인 능력이나 개성 등에 시간과 정력을 쏟아 부어도 좋다. 전문적인 기술, 고상한 인품, 고품질의 서비스나 상품 등은 개인이나 기업이 자신만의 브랜드를 창조하는 데 큰 도움이 되기 때문이다.

물론 다른 동료에게는 없는 독특한 능력을 찾는 것도 대단히 유리하다. 예를 들어, 리카이푸(李開復)가 중국에 구글을 뿌리내리게 만든 결정적 원인은 누구보다도 중국인의 생각과 문화를 잘 이해하고 있었기 때문이다. 거기에 본인의 재능까지 더해지자, 구글 중국지점을 개설하는 중책을 맡을 적임자는 리카이푸뿐이었다. 세계적인 인터넷 큰손 중에는 중국 풍토에 적응하지 못해 중국에서 자리를 잡지 못하고 실패한 경우가 많다. 예컨대 마이크로소프트사의 MSN은 마화텅(馬化騰)의 텅쉰(騰訊. QQ)과의 대결에서 불리했다. 미국 인터넷

경매 사이트 이베이(eBay)가 마윈의 타오바오(淘寶, taobao)
와 경쟁했을 때도 이베이는 자신의 취약함을 그대로 드러냈
고, 결국 2005년에 중국 사업에서 물러나야 했다. 야후도 중
국에서 참패했다. 구글도 중국에 처음 진출했을 때 도메인 네
임 등의 문제로 중국정부와의 마찰이 있었다. 당시 문화적인
차이로 서로 간의 소통이 매끄럽지 못했는데, 마침 오랫동안
해외에서 지낸 리카이푸가 양국 문화적 특색을 이용한 효과적
인 해결방법으로 위기를 극복해나갈 수 있었다.

이러한 사례들을 살펴보면, 고객은 우수한 경쟁력을 갖춘
기업을 필요로 한다. 그런데 기업은 다른 경쟁 상대가 하지 않
거나 싫어하는 일, 혹은 자신에게 이득이 되지 않는 일부터 해
야지만 우수한 경쟁력을 갖출 수 있다는 사실을 알 수 있다.

도미노 피자는 세계에서 두 번째로 규모가 큰 피자 회사로,
다음과 같은 서비스 구호를 내세우고 있다. '주문 후 30분 내
에 배달하지 못하면, 피자가 무료!'

주문을 한 고객이 가장 원하는 것은 바로 '신속한 배달'이
다. 도미노 피자는 그런 고객의 요구에 정확히 부응했다. 그래
서 사람들은 갑자기 피자가 먹고 싶을 때면 자연스럽게 도미
노 피자를 먼저 떠올린다.

이처럼 다른 사람과 구별되는 자신만의 장점을 업무를 통해

구체적으로 발휘하면서 자신의 가치를 꾸준히 높이자. 그 누구도 대신할 수 없는 사람이 되면 우수한 경쟁력을 갖춘 사람이라 할 수 있다.

여기서 한 가지 주의해야 할 점은, 현재 자신이 가지고 있는 경쟁우위는 미래에 누군가에게 추월당할 수 있다는 사실이다. 그러므로 끊임없이 발전하면서 자신의 한계를 넘어서야 오래도록 성공의 자리에 머무를 수 있다.

# + 새로운 일에 도전하면 장점이 보인다

아주 간단한 질문 하나 하겠다. 중국의 유명한 농구선수 야오밍(姚明)의 장점은 무엇일까? 생각할 필요도 없이 바로 '큰 키'일 것이다. 농구선수에게 큰 키란 최고의 장점이다. 하지만 누구나 야오밍처럼 자신의 장점을 알아보기 쉬운 것은 아니다. 대다수 사람들은 숨어 있는 장점을 스스로 찾아내야 하는데, 그러려면 끊임없이 무언가를 시도하고 도전해야 한다.

인기 절정의 배우인 리야펑(李亞鵬)은 단 한 번의 도전으로 생각지도 않았던 배우의 길을 걷게 되었다.

당시 리야펑은 대학 입학시험을 치르고 하얼빈 이공대학의 합격통지서를 기다리고 있었다. 그러던 어느 날, 그는 면접시험을 보러 가는 친구를 따라 중앙희극학원에 가게 되었다. 학교에 도착해서 친구는 면접시험을 보러 들어가고 그는 밖에서 기다렸는데, 면접시험을 진행하던 직원이 다음 지원자를 부르러 나왔다가 마침 대기실에 혼자 앉아있던 리야펑을 보았다. 리야펑은 그에게 자신은 면접을 보러 온 것이 아니라 친구를 따라온 것이라고 말했지만, 직원은 지원자가 별로 없으니 재미 삼아 면접 한 번 보는 것이 어떻겠냐고 말했다.

리야펑에게 연기란, 할 줄도 모르고 관심도 없었던, 그야말로 새로운 도전이었다. 하지만 직원의 거듭되는 요청에 리야펑은 면접을 보기로 했다. 면접장에 들어서자마자 리야펑은 무척 당황했다. 7, 8명쯤 되는 면접관이 그를 지켜보고 있었기 때문이었다. 그는 순간 긴장했지만, 속으로는 재미있는 도전이 되겠다고 생각했다. 그렇게 면접이 시작되고, 총 면접관은 리야펑에게 무엇을 할 줄 아느냐고 물었다. 그는 연기는 잘 못하지만 시 낭송은 제법 한다고 말한 뒤, 악비(岳飛)의 '만강홍(滿江紅)'을 외웠다. 그는 저음의 힘찬 목소리로 또박또박하게 시를 낭송했는데, 뛰어난 감정 표현으로 면접관들의 마음을 사로잡았다.

면접이 끝나고 며칠 뒤, 리야펑은 하얼빈 이공대학이 아닌 중앙희극학원의 합격통지서를 받게 되었다.

리야펑은 '무심히 심은 버들이 더 무성하게 자란다(無心揷柳柳成陰)'는 말처럼 우연히 연기의 길로 들어섰다. 그는 〈장애정진행도저(將愛情進行到底)〉, 〈사조영웅전(射雕英雄傳)〉, 〈소오강호(笑傲江湖)〉에 이르기까지 다양한 영화에 출연하면서 자신의 연기력과 장점을 충분히 발휘하며 배우로서 발전했다. 이것은 본인도 고등학교시절까지 이렇게 되리라고 전혀 상상하지 못한 일이었다.

기업경영에서도 새로운 도전을 통해서 자신의 장점을 발견하고 성공을 얻은 사례가 너무 많다.

중국 에어컨 제조업체인 거리 사의 대표 동밍주(董明珠)는 본래 사업가가 아니었다. 그녀는 난징(南京)의 한 화학공업 연구소에서 행정 일을 하면서, 결혼을 하고 아이도 낳은 후 안정적으로 살아가는 평범한 여자였다. 그러나 1984년에 남편이 갑자기 세상을 떠나면서 그녀의 가정은 한순간에 무너져 버렸고, 그녀는 겨우 두 살 된 아이와 시부모님을 부양해야 할 처지가 되어버렸다. 하지만 의지가 강했던 그녀는 냉혹한 현실에 당당히 맞서 세상 속으로 뛰어들기로 결정했다. 그러던 중 우연한 기회에 주하이시(珠海市)에 왔다가 아름다운 풍경에 매료되었고, 거기에 정착하고 싶은 마음에 당시 하이리(海利) 에어컨 공장이라 불리던 거리 사에 지원하여 말단직원이 되었다.

그전 회사에서 사무만 보던 동밍주였지만, 거리에 입사 후 그녀는 자신만의 성실함과 과감함, 간절함, 부지런함을 장점으로 내세워 단번에 회사 내에서 두각을 나타냈다. 그녀의 판매실적은 회사 총 판매실적의 8분의 1에 달했고, 남들은 받아내지 못한 주문서도 척척 받아냈다. 그때까지 그녀는 자신이 판매에 탁월한 재능이 있음을 몰랐다. 만약 그녀가 세상으로 나와 사회경험을 쌓지 않았다면, 자신의 숨은 장점이 이처럼 멋진 성공을 이루게 해줄 거라는 사실을 평생 몰랐을 것이다.

여기서 알 수 있듯이, 장점은 스스로 찾아내야 한다. 특히 자신의 한계에 도전하고 고난도의 일에 도전했을 때 우리는 잠재능력을 쉽게 일깨울 수 있다.

어떤 철학자가 말했다.

"장점은 마치 나무 위 열매와 같아서, 뛰어오르기만 하면 얼마든지 딸 수 있다."

여기서 '뛰어오르다'는 말은 바로 '도전'을 의미할 것이다. 도전을 해야 자신의 장점을 알 수 있다.

# + 건강한 것도 장점이다

　산다는 것은 경쟁의 연속이다. 어쩌면 우리에게는 수십, 수백 명의 경쟁상대가 있을지 모른다. 그들과의 경쟁에서 이기고 부와 이익을 얻으려면 두말할 필요도 없이 자신의 장점을 최대한 살려서 상대를 눌러야 한다. 대부분은 경쟁 상대에 비해 자신의 장점이 무엇인지를 본인도 잘 알고 있다. 하지만 어떤 때는 자신의 장점을 모르고 소홀히 하는 경우도 있다. 그 예로 건강 같은 것을 꼽을 수 있다. 건강은 결정적인 순간에 경쟁상대를 이기게 해주거나 어렵게 찾아온 기회를 붙잡을 수 있게 해준다. 특히 직장에서 이런 경우를 자주 접할 수 있다.

　한 무역회사는 이미 포화상태인 자국시장에서 해외시장으로 눈을 돌렸다. 그들은 대외무역 상담을 통해 어떤 러시아 회사와 합의를 이루게 되었다. 회장은 러시아 지부에 파견할 직원을 뽑기 위해 몇몇 사장들을 놓고 비교분석했고, 그중 샤오장과 샤오천이 가장 적임자라는 결론을 내렸다. 하지만 두 사람의 업무 능력은 우위를 가릴 수 없을 만큼 비슷해서, 회장은 둘 중 누구를 뽑아야 할지 결정하기가 어려웠다. 회장이 고민하는 동안 시간은 점점 흘러갔고, 마땅한 직원을 파견하지 못해서 기획했던 사업을 제때에 완성하기는커녕 한 해의 업무도 시작하지 못할까봐 모두 불안해했다.

그래서 회장은 서둘러 두 사장과 개별적인 면담 시간을 가졌는데, 그들 모두 그 자리를 간절히 원하고 있었다. 회장의 고민은 더 깊어졌지만 더는 미룰 수 없었기에, 두 사장과의 점심식사 후에 최종 결론을 내리기로 했다.

잠시 후 점심식사가 시작되고 세 사람 사이에 몇 차례 술잔이 오갔다. 한창 술자리가 무르익었을 때 샤오장은 아내에게서 걸려온 전화를 받았다. 통화를 끝낸 샤오장은 난감한 표정을 지으며 아내가 기관지염에 심하게 걸렸다고 말했다. 회장은 그 말을 듣고 문득 그의 집안분위기와 가족들이 궁금해서 샤오장에게 이것저것 물어보게 되었다. 그 결과 샤오장을 비롯한 그의 가족들은 면역력이 약해서 날씨가 추워지면 호흡기 질환에 쉽게 걸린다는 사실을 알게 되었다.

집에 돌아온 회장은 러시아로부터 걸려온 전화를 받았다. 러시아 측에서는 파견할 직원을 결정했느냐고 물으면서, 현지 날씨가 매우 춥기 때문에 일단은 무조건 체력이 좋은 사람이 오면 좋겠다고 특별히 강조했다. 그 말을 듣는 순간 회장은 모든 것이 명백해졌다. 샤오장은 분명 러시아의 추운 날씨를 견

디지 못할 테지만, 샤오천은 한겨울에도 수영을 하러 다닐 정도로 건강한 사람이었기 때문이다. 다음날 회장은 회사 대표로 러시아에 파견 갈 사람은 샤오천이라고 발표했다. 그리고 샤오장에게 그렇게 결정한 이유를 말해주며 그를 위로했다. 샤오천은 자신의 건강이 큰 장점이 될 줄은 몰랐다.

사실 건강하다는 말에는 신체뿐만 아니라 정신상태도 정상적이라는 뜻이 포함되어 있다. 건강하지 못한 마음은 발전을 방해하는 걸림돌이 된다. 그런 경우에는 본인도 문제점이 무엇인지 모를 때가 많다.

한 이삿짐센터에서 사업 확장을 함에 따라 새로운 운전기사가 필요했다. 구인 소식이 알려지자 지원자 두 명이 찾아왔고, 이삿짐센터는 두 사람을 상대로 면접을 치렀다. 두 사람 모두 다년간의 운전경험이 있어서 회사는 누굴 뽑아야 할지 고민이 많았다. 그때 두 사람에게 똑같은 질문을 던진 뒤 전혀 다른 대답을 듣고 의외로 쉽게 결정할 수 있었다.

"만약 당신이 차를 몰고 가는데, 갑자기 도로 앞 왼쪽에 아이가 서 있고 오른쪽에는 개가 있다는 걸 발견했다면 당신은 어느 쪽으로 핸들을 돌리겠습니까?"

그러자 한 사람은 강아지를 치겠다고 말했고, 다른 한 사람은 누구와도 부딪치면 안 되므로 서둘러 브레이크를 밟겠다고 했다. 당연히 두 번째 사람이 채용되었다. 왜 무조건 부딪쳐야 한다고 생각하는가? 개를 치는 것도 사람을 치는 것만큼 절대 해서는 안 된다. 그런 사람이 운전을 하면 자칫 큰 위험을 초래할 수 있다. 심각한 문제를 지녔다고 할 수는 없으나 최소한 정신 상태는 문제가 있기 때문이다.

건강은 당신의 가장 큰 재산이자 장점이다. 지금까지 건강에 소홀했다면 오늘부터라도 당신의 소중한 장점을 아끼고 중시하라.

# + 진취적인 마음은 장점을 찾아주는 열쇠다

　사람들은 말끝마다 자신의 장점을 살려서 반드시 성공하겠다고 하는데, 대개는 말뿐이고 정작 행동으로 옮기지는 않는다. 가장 큰 이유는 바로 진취적인 마음이 결핍되어 있기 때문이다. 특히 편하게 사는 사람일수록 그보다 더 많은 돈을 벌거나 진급을 하고 싶어도 좀처럼 현재의 안일한 삶에서 빠져나오지 못한다. 또는 게으름이라는 타성에 젖어 중간에 일을 그만두기도 한다. 하지만 진취적인 마음을 가진 사람은 현재 상황에 안주하지 않고 더 많은 영역에 도전한다. 그러면 스스로 발전해 나가며 기대 이상의 성과를 올릴 수 있다.

　쉽게 포기하지 않고 최선을 다해 진취적으로 밀어붙이는 것은 성공을 보장하는 보증서나 다름없다. 그것은 성공을 향해 달리는 사람에게는 자신을 뛰어넘게 해주는 모터와도 같다.

　전국시대의 소진(蘇秦)은 농민 출신이지만 원대한 포부를 가지고 있었다. 그는 스승인 귀곡자(鬼谷子)를 따라다니며 종횡술(縱橫術, 전국 시대 제자백가 가운데 제후들 사이를 오가며 여러 국가를 종횡으로 합쳐야 한다고 주장하는 합종책(合縱策)과 연횡책(連衡策)—옮긴이)

을 배웠다. 여러 해가 지나고 학문이 어느 정도 쌓였다고 생각한 그는 6국을 정복할 묘책을 진나라에 올렸다. 그러나 그 의견은 쉽게 받아들여지지 않았고, 결국 그는 뜻을 이루지 못하고 빈털터리가 되어 집으로 돌아갔다. 그러자 아내와 형수는 그에게 따뜻한 밥 한 그릇도 대접하지 않고 그를 비웃었다. 그럼에도 그는 포기하지 않고 반드시 성공하겠다는 각오를 새로이 다졌다. 그 후로 소진은 송곳으로 자신의 허벅지를 찔러가며 밤새 책을 읽고 또 읽었다.

그러던 중에 그는 자신이 다른 사람을 설득하는 데 탁월한 능력이 있음을 깨닫게 되었다. 그래서 설득력 있게 말하는 훈련을 거듭했다. 그렇게 몇 년이 지난 후에, 그는 진나라를 설득하는 일은 포기하고 정반대로 6국이 힘을 합쳐 진나라에 대항해야 한다는 주장을 폈다. 그는 6국을 돌아다니면서 자신의 세 치 혀로 왕후장상의 마음을 쥐락펴락했는데, 그의 말재주에 감탄하지 않은 사람이 없을 정도였다. 덕분에 그는 식은 죽 먹기로 6국의 재상이 되었다. 훗날 소진이 금의환향하자, 그의 형수와 아내는 감히 고개도 들지 못하고 무릎을 꿇은 채로 그를 맞이했다. 누구보다도 진취적인 마음으로 자신의 장점을 발휘해 이름을 떨친 소진은 더 이상 그 옛날 무시하고 깔보던 평범한 농민이 아니었다.

진취적인 마음은 장점을 찾아주는 열쇠다. 이 같은 장점은 얼마나 큰 힘을 발휘할까? 때때로 무엇과도 비교할 수 없는 거대한 에너지를 발산하며 한 사람의 인생을 완전히 뒤바꿔 놓기도 한다. 한 사람뿐만 아니라 여러 사람, 심지어 이 세상을 바꾸기에도 충분하다. '애플의 아버지'로 불리는 스티브 잡스가 바로 그 좋은 예라 할 수 있다.

잡스는 어려서부터 전자제품에 관심이 많았다. 그래서 난생처음 크고 육중한 컴퓨터를 보고는 어떻게 하면 더 작고 간편한 컴퓨터를 설계할 수 있을까를 고민했다고 한다. 경제적인 상황이 여의치 못해서 대학을 중퇴한 잡스는 친구 집 차고에서 지내면서도 여러 미술학 강의를 계속해서 들었다. 이후 그는 친구와 공동으로 출자하여 애플사를 창업했고, 그때부터 자신의 장점을 마음껏 발휘하기 시작했다. 애플은 매킨토시 컴퓨터, iMac, iPod, iPhone 등과 같이 전 세계를 휩쓴 전자제품을 잇달아 내놓으며 오늘날의 통신과 게임, 생활방식까지도 송두리째 변화시켰다. 잡스는 탁월한 감각과 남보다 뛰어난 지혜로 세상을 바꾼 천재다. 그는 새롭고 혁신적인 제품을 끊임없이 개발하며 세계 정보기술과 전자제품을 주도적으로 이끌었다. 비싼 가격 때문에 구입하기 어려운 컴퓨터와 전자제품을 단순화, 대중화시켜 일상생활에서 쉽게 접할 수 있게 만들었다. 세상을 바꾸겠다는 자신의 뜻을 결국 실현한 것이다.

잡스는 진취적이고 적극적인 자세로 살아가는 것이 인생에서 얼마나 중요한지를 확실하게 보여준다. 가난하다고 자신을 원망하거나 한숨짓지 말고, 부유하다고 향락에 빠져 있지도 말고, 항상 진취적인 마음을 가지고 있어야 한다. 남보다 두각을 나타내고 싶다면 특히나 이런 정신력이 없어서는 안 된다.

그렇다면 진취적인 마음이란 무엇이며 어떤 형태로 드러나는가?

첫째는 바로 승부욕이다. 승부욕이 강하면 잘 모르는 분야도 덥석 달려들어 자신의 능력과 재능을 발휘하고자 한다. 둘째는 무엇이든 배우려는 자세다. 알고자 하는 욕구가 크고 호기심이 많으면, 뭐든지 받아들이고 배워서 새로운 지식도 쌓고 능력도 키울 수 있다. 셋째는 자기발전이다. 조직의 목표에 맞춰 개인의 목표를 세우고 이를 위해 노력하는 자세다. 이 세 요소를 가지고 있다면 당신은 분명히 진취적인 사람이며 어떻게든 성공할 것이다. 성공하고 싶다면 이 세 가지 능력을 키워라!

장점은 마치 나무 위 열매와 같아서, 뛰어오르기만 하면 얼마든지 딸 수 있다.

# CHAPTER 04

장점으로
인생을 빛나게 하라

'붉은빛을 가까이하면 붉게 되고, 먹을 가까이하면 먹처럼 검어진다(近朱者赤, 近墨者黑).'는 말은 누구나 안다. 지금 살고 있는 환경이나 만나는 사람들은 좋고 나쁨을 떠나서 당신의 미래에 직접적인 영향을 준다. 만약 주위에 적극적인 사람들이 있으면 타고난 성품이 게을러도 그들의 영향을 받아 점점 부지런하고 적극적인 사람으로 바뀐다. 또 주위 사람들이 하나같이 산만하고 게으르다면, 아무리 부지런한 당신이라 해도 자신이 모르는 사이에 생각하기 싫어하고 현실에 안주하는 사람이 되고 만다.

맹자는 어렸을 때 어머니와 함께 무덤가 근처에서 살았다. 그래서 맹자는 항상 절하는 모습이나 통곡하는 것만 보고 배웠고, 심심하면 이웃 아이들과 함께 장례놀이를 하고 놀았다. 이 모습을 본 맹자의 어머니는 걱정이 이만저만이 아니었다.

"이래서는 안 되겠다! 우리 아들을 이런 곳에서 살게 할 수는 없어!"

그래서 두 모자는 시장 근처로 이사했다. 이웃에는 돼지나

양을 도축하는 사람들이 살고 있었는데, 그런 까닭에 이사한 후부터 맹자는 또 동네 친구들과 함께 장사놀이를 하거나 도축 일을 흉내 내곤 했다. 그 사실을 알게 된 맹자의 어머니는 또 미간을 찌푸렸다.

"이곳도 내 아들이 살 곳은 못 되는구나!"

결국 그들은 또다시 이사를 했다. 이번에는 학교 근처에 있는 집이었다. 아니나 다를까 관원들이 매월 음력 초하루에 문묘(文廟)에 와서 절을 하며 예를 올리자, 맹자는 그 예의 바른 모습들을 모두 기억했다가 그대로 따라 했다. 맹자의 어머니는

"이곳이야말로 우리 아들이 지내기에 좋은 곳이구나!"

만족스러워하며 그곳에서 계속 살기로 했다.


이것이 그 유명한 '맹모삼천(孟母三遷)'이다. 주위 환경이 우리에게 미치는 영향은 그만큼 크다. 그래서 평범함에서 탈피하여 크게 성공하고 싶다면 우선 업무 환경부터 바꿔야 한다. 평범한 것들을 모두 치워버리고 자신에게 무언가를 요구하는 사람들 주위에 있으면 그들 덕분에 내가 발전할 수 있다. 마치 코치, 부모, 선생님처럼 시시각각 당신을 일깨워주는 환경 속에서 당신은 자연스럽게 타인의 장점도 배우게 된다. 만약 주위 사람들이 평범하게 느껴진다면 당신은 그들로부터 더

이상 배울 것이 없다는 뜻이다. 또 그들의 감독이 불필요해졌다면 당신은 이미 그들만큼 뛰어난 사람이 된 것이다. 하지만 그렇다고 발전을 멈출 수는 없다. 자신의 발전을 돕고 자신을 엄격하게 감독해줄 사람을 끊임없이 찾는다면 계속해서 발전하고 성공할 수 있다.

아시아의 작은 거인인 리쩌카이(李澤楷)의 주방에는 그가 리콴유(李光耀, 리광야오) 전 싱가포르 수상이나 마거릿 대처 전 영국 수상과 같은 유명 정치인들과 함께 찍은 사진들이 걸려 있다. 그의 폭넓은 친분관계는 비즈니스 세계에서 성공할 수 있었던 중요한 발판이 되었다.

그는 여러 성공 인사들의 지지 하에, 1999년 3월에 홍콩특별정부로부터 최종적으로 '사이버포트(Cyberport, 數碼港)' 건설을 승인받고 독점으로 투자 건설하게 되었다. 또한 리쩌카이는 인맥의 도움을 받아 상장회사인 더신지아(得信佳) 그룹을 인수하여 사이버포트의 원동력으로 거듭나게 했다. 기업 인수활동과 사이버포트 덕분에 잉커 그룹의 시장가치는 홍콩 달러로 40억에서 600억으로 껑충 뛰어올랐고 당당히 홍콩 제1의 상장회사로 이름을 날리게 되었다. 리쩌카이도 단숨에 비즈니스 업계의 샛별로 떠올랐다.

2003년 1월, 리쩌카이는 스위스에서 열린 다보스포럼(Davos Forum)에 참석하여 빌 게이츠나 소니의 이사장 겸 수석집행관 이데이 노부유키(出井伸之) 등 성공인사와 함께 토론을 벌였다. 각 언론들은 이를 경쟁적으로 보도했다. 리쩌카이는 그렇게 성공인사들과의 간격을 조금씩 좁혀나갔고, 사람들은 자연스럽게 그를 대단한 사람으로 여기며 무엇이든 도움을 주고 싶어 했다. 결과적으로 그의 사업도 전성기를 맞이했다.

뛰어난 사람이나 성공한 인사들과 가까이 지내면 당신의 생각과 대화 방식은 그들과 닮아가고, 당신도 그들과 같은 부류의 사람으로 보인다. 그래서 미리 부탁하지 않아도 먼저 당신을 도와주려고 한다. 그렇게 되면 당신의 삶에도 변화가 생기고 성공도 훨씬 쉬워진다.

잘난 사람과 함께 있으면 당연히 스트레스를 받는다. 또 자신이 왠지 더 못난 사람처럼 느껴지기도 한다. 하지만 그래야 당신이 배울 수 있다. 우월감이나 느끼려고 자신보다 못한 사람과 함께 있지는 마라. 세월이 흐르면 당신도 뛰어난 사람들과 같은 생각이나 습관을 갖게 된다.

장점이 많은 사람과 어울리고 싶은 생각은 기업합작 과정에서 구체적으로 드러날 때가 많다. 맥도날드와 헬로우 키티는

합작을 통해서 세트메뉴를 사면 장난감을 주는 것과 같은 서비스를 고객에게 제공할 수 있었다. 이는 우수한 두 기업이 연합하여 자신들의 장점을 최대한 발휘한 것이다.

자신을 뛰어넘어 성공하기 위해서는 늘 만족하지 말고 스트레스까지도 삶의 원동력으로 삼아라. 성공한 사람들과 어울려 지내다가 망신을 당하면 또 어떠랴. 언젠가는 당신도 그 사람들처럼 성공할 것이다. 그것을 최종 목표로 삼으면 된다.

# + 자신을 비난하고 공격하는 사람을 중시하라

우리가 평범해지는 이유는 자기가 최고라는 생각과 타성에 젖기 때문이다. 하지만 주위에 자신을 비난하거나 공격하는 사람들이 있다면 그들 덕분에 자신의 결점을 발견해서 그것을 보완하며 발전할 수 있다. 물론 '충언은 귀에 거슬린다(忠言逆耳)'는 말처럼 자신을 비난하고 공격하는 말들은 별로 듣기 좋은 소리는 아니다. 그러나 그런 사람들이 주위에 많을수록 자신의 문제점과 잘못을 더욱 분명히 깨닫고 고칠 수 있어서 자기 발전에는 큰 도움이 된다. 달콤한 말보다는 귀에 거슬리는 말이 우리가 잘못된 길을 가거나 뒷걸음질치지 않게 해줄 것이다.

당나라 태종은 만백성의 천자로 떠받들어졌으며, 모두 그에게 아첨하기 바빴다. 그러나 당 태종은 자신을 일깨우고자 그러한 소인배들을 가까이 두지 않았고, 누구나 언제든지 자신에게 직언과 충언을 할 수 있게 했다.

위정(魏征)은 그중 가장 유명한 간신(諫臣)으로, 항상 사람들이 많이 모인 자리에서 당 태종의 옳고 그름을 서슴없이 이야기했다. 당 태종은 그의 직언이 별로 유쾌하지 않았으나 끝까지 그를 존중해 주었고, 그의 말을 참고하여 자신의 잘못을 바로잡는 데 힘썼다.

위정 덕분에 당 태종은 어떤 일을 결정할 때마다 늘 신중했고 함부로 처리하는 일이 없었다.

하루는 당 태종이 진령산(秦嶺山)으로 사냥놀이를 가고 싶어 하자 아랫사람들이 서둘러서 짐을 꾸렸는데, 정작 당 태종의 준비가 늦어졌다. 나중에 위정이 이 일에 대해 언급하자, 당 태종은 웃으며 말했다.

"처음에는 그럴 생각이었는데, 네가 또 뭐라 그럴까 봐 얼른 생각을 접었느니라."

또 한 번은 당 태종이 아주 좋은 매를 한 마리 얻어 자신의 어깨 위에 올려놓고는 매우 흡족해했다. 그런데 멀리서 위정이 자신을 향해 걸어오자, 당 태종은 매를 재빨리 자기 품속에 숨겼다. 위정은 일부러 오랜 시간 동안 당 태종과 이야기를 나누었고, 결국 매는 그 안에서 숨이 막혀 죽어버렸다.

위정이 없었더라면 당 태종은 아마 사냥을 갔을 것이고, 매도 아무 탈이 없었을 것이다. 이처럼 위정은 당 태종이 자기도 모르는 사이에 쇠락의 길로 빠지지 않도록 사소한 일도 경계하게 했다.

훗날 당 태종은 자신이 총애하던 위정이 죽자 몹시 슬퍼하며 이렇게 말했다.

"구리를 거울로 삼으면 의관을 바르게 할 수 있고, 옛일을 거울을 삼으면 흥망의 원인을 알 수 있으며, 다른 사람을 거울로 삼으면 득실을 밝힐 수 있다고 하는데, 위정이 죽었으니 나는 이제 거울을 잃어버렸구나."

당 태종은 위정이 남긴 말 가운데 한 구절을 홀(笏, 옛날에 신하들이 임금을 알현할 때 옷에 갖추어 손에 쥐던 패—옮긴이)에 써서 남은 신하들에게 본받으라 했는데, 그 말은 바로 '아는 대로 고하라(知而卽諫)'이었다.

당 태종이 한 시대의 성군으로서 나라를 융성하게 한 것은 비평과 비난을 기꺼이 받아들였던 그의 넓은 아량과 아주 밀접한 관계가 있다. 회사 경영진들도 이런 마음가짐으로 자신을 비평하거나 공격하는 사람들을 자신의 거울로 여겨야 한다. 옆에서 끊임없이 자신을 일깨워주고 자극하며 격려해 준다면, 그리고 그들의 의견을 적절히 수용할 수만 있다면, 그들은 분명히 평범하기 짝이 없는 자신의 현재 상황을 바꿔줄 훌륭한 조력자가 될 것이다.

그러므로 깨어 있는 리더가 되고 싶다면 우선 누구라도 하고 싶은 말이나 생각을 언제든 말할 수 있게 편안하고 자유로운 업무환경을 만들라. 그러면 모든 직원이 합심하여 질투나 고자질이 난무하는 험악한 회사 분위기를 막을 수 있다. 반면 리더가 다른 사람의 말에는 귀담아듣지 않고 독단으로 행동하면 제아무리 위엄 있다 해도 직원들이 따르지 않을 뿐만 아니라, 소통이 이루어지지 못하고 온갖 헛소문만 나돈다. 이는 기업 내의 분위기에 전혀 도움이 되지 못한다. 리더 혼자만의 힘으로는 회사가 피폐해지거나 잘못된 방향으로 나아가기 쉽다.

# 목표를 정해 장점을 더 살려라

누구나 자신의 장점을 가지고 있지만, 모두 다 그것을 잘 살리고 있는 것은 아니다. 아무리 전문적인 기술을 가지고 있어도 게을러서 실제로 사용하지 않으면 절대 성공하지 못한다. 또 외부 여러 요소의 방해를 받는다면 잠재능력을 꺼내어 보지도 못한다. 그러므로 자신의 장점을 살리기 위해서는 한 가지 목표를 정해서 차근차근 진행해나가는 것이 가장 좋다. 이는 당신의 발전에도 더욱 유리하다. 예를 들어 자신이 마케팅 분야의 재능을 갖고 있다고 생각하면, 세계적인 마케팅 권위자인 필립 코틀러(Philip Kotler)를 멘토로 삼아 그 사람처럼 되겠다는 목표를 세워라. 목표가 있으면 앞으로 나아갈 힘이 생긴다.

그렇다고 아무렇게나 목표를 세워서는 안 된다. 반드시 자신의 장점을 고려해야 한다. 방금 말한 것처럼 마케팅 쪽으로 장점이 있다면 뛰어난 판매관리자를 목표로 열심히 노력하고, 조직 구성에 능력을 보인다면 인사 쪽으로 목표를 잡아야 한다. 자신의 장점에 얼마나 맞는 목표인가에 따라 미래의 성공이 보장된다.

왕샤오린(王小林)은 운동을 좋아하는 남학생이었다. 그는 중학교 2학년 운동회 때 참가한 높이뛰기 경기에서 손쉽게 우승을 차지하면서, 자신의 점프력이 반 친구들보다 월등히 좋다는 사실을 알게 되었다. 체육선생님도 그의 예사롭지 않은 점프력을 눈여겨보다가 운동회가 끝날 무렵 왕샤오린을 따로 불렀다. 진지한 상담 끝에 그는 왕샤오린에게 높이뛰기 체육특기생이 되면 어떻겠냐고 제안했다.

집에 돌아온 왕샤오린은 이 일을 아버지께 말씀드렸다. 하지만 뜻밖에도 아버지는 체육선생님의 제안을 딱 잘라 거절했다. 사실 평소에 왕샤오린은 운동 중에서 농구를 가장 좋아했다. 그는 아버지와 종종 농구시합을 하곤 했는데, 그럴 때마다 농구 골대 정중앙을 기가 막히게 잘 맞혔다. 또한 왕샤오린은 요즘 부쩍 체중이 증가했는데, 이는 높이뛰기 선수가 되기에는 상당히 불리한 신체조건이었다. 이런 이유들로 아버지는 왕샤오린의 장점을 살리려면 높이뛰기 선수보다는 농구선수가 되는 것이 더 낫겠다고 생각했던 것이다.

이야기를 들은 선생님도 아버지의 의견에 찬성했다. 고등학교에 들어간 왕샤오린은 선생님의 열성적인 지도 아래 조금씩 농구 재능을 발휘해나갔다. 그는 타고난 점프력으로 농구 백보드에서 멋지게 활약했고, 고등학교 2학년 때는 체육 특기생으로 선발되어 체육대학에 스카우트되었다.

자신의 장점을 살릴 수 있는 현실적인 목표는 장점을 발휘
하여 발전시킨다. 물론 목표를 향해 나아가는 일이 순풍에 돛
단 듯 순탄하지만은 않다. 하지만 반드시 목표를 이루겠다는
각오로 자신의 성공을 굳게 믿어야 한다.

에드워드는 평소 조용하고 과묵한 사람이라 매사에 꼼꼼했
고 진지했다. 이는 그의 가장 큰 장점이었고, 덕분에 업무 성
과도 그리 나쁘지 않았다. 그러던 어느 날, 에드워드는 친구와
이야기하다가 마케팅 분야의 수익이 괜찮다는 말을 들었다.
그래서 그는 원래 하던 일을 그만두고 전국에서 열 명 안에 드
는 최고의 마케팅 전문가가 되겠다는 야심 찬 계획을 세웠다.
그의 소식을 전해 들은 친구들은 모두 깜짝 놀랐다. 조용한 성
격인 그가 고객과 잘 소통할 수 있을까 하는 걱정뿐이었다.

친구들의 염려에도 불구하고 에드워드는 얼마 지나지 않아
마케팅 일을 시작했다. 처음 일을 시작했을 때 에드워드의 월
급은 쥐꼬리만 했다. 그나마도 실적이 나쁘면 더 형편없었다.
그뿐만 아니라 에드워드는 친구들의 예상대로 고객들에게 문
전박대를 수차례 당했다. 한 번은 에드워드가 고객에게 전화
를 걸었는데, 마침 어머니의 생일을 챙기느라 분주한 고객은
에드워드가 뭐라 말을 꺼내기도 전에 서둘러 전화를 끊어버렸

다. 또 한 번은 자동차 접촉사고가 난 고객에게 전화를 걸었다가 욕만 듣고 끊은 일도 있었다. 어떤 고객은 회의 중이어서 전화를 받자마자 끊어버렸다.

하지만 이런 푸대접을 받으면서도 에드워드는 오히려 좋은 정보를 얻었다며 긍정적으로 생각했다. 그는 그 정보를 참고하여, 자동차 수리 보장에 관한 정보를 인터넷으로 수집해서 고객에게 알려주기도 하고, 회의를 하느라 바쁜 고객에게는 아무리 바빠도 쉬면서 일하라는 짧은 격려의 이메일을 매월 꼬박꼬박 보내주었다. 그렇게 6개월이 지난 후에 그들이 에드워드의 단골 고객이 된 것은 어쩌면 너무나 당연한 일이었다. 몇 년이 지나지 않아서 에드워드는 자신의 목표대로 유명한 마케팅 천재가 되었다.

이처럼 수많은 좌절 속에서도 장점을 발휘하며 자신이 세운 목표를 향해 전진하면, 언젠가는 자신의 장점이 큰 보답으로 반드시 돌아올 것이다.

목표라는 것은 자신의 장점을 살리는 데 필요한 유도등(誘導燈) 같은 역할을 한다. 목표가 있어야 방향을 잃지 않고 앞으로 나아갈 수 있으며, 최종적으로 성공할 수 있다.

# + 장점을 살릴 수 있는 곳으로 가라

　자신의 장점은 다른 사람이 결코 대신할 수 없는 소중한 자원이다. 장점을 살리면 자신의 목표를 실현시킬 수 있으며, 사업에 성공하여 더 큰 부를 얻을 수 있다. 그렇다면 어디에서 가장 큰 성공을 이루며 부를 최대한으로 얻을 수 있을까? 바로 당신을 필요로 하는 곳이다. 어쩌면 그곳이 남들에게는 잘 보이지 않는 곳이거나 사람들이 가고 싶지 않은 곳일 수도 있지만, 당신에게는 자신의 재능을 펼치기에 딱 좋은 곳일지도 모른다. 멀리 내다보고 장점을 살릴 수 있는 곳으로 가라.

　샤오천과 샤오류는 한 가전판매회사의 베테랑 우수 직원으로 회사의 총애를 받았다. 샤오천은 판촉1팀의 팀장으로 주장(珠江) 삼각주의 가전시장을 책임지고 있는데, 단골 고객도 상당수 보유하고 있었다. 한편 샤오류는 판촉 2팀의 팀장으로 창장(長江) 삼각주의 가전시장을 책임지고 있는데, 실적이 좋아서 매년 꾸준한 성장을 보였다. 두 사람은 시장 개척에도 경험이 풍부하며, 특히 신규고객을 개발하는 데 월등히 뛰어났다.
　그런데 연말에 실시한 시장 조사에서 그동안의 눈부신 성장과는 다르게 두 지역의 가전판매량이 지지부진한 것으로 나타났다. 그것은 회사 상품의 시장 점유율이 이미 포화상태라는 것을 의미하는 것이기도 했다. 그래서 회사 전체의 판매율을 높이기 위해서는 새로운 시장을 개척하는 일이 무엇보다 시급했다. 회사에서는 발전된 동부 지역보다는 상대적으로 낙후된 중서부 지역을 집중적으로 공략하겠다는 전략을 세웠고, 이 같은 전략을 중급 간부회의를 통해 각 지역 사장들에게 전달했다. 샤오류를 포함한 몇몇 사장들은 새로운 직원을 뽑아 그곳으로 파견하면, 설령 그가 실패하더라도 동부 지역의 상권을 잘 유지되므로 회사에 큰 타격은 없으리라 생각했다. 그런데 샤오천은 회의 중에는 별다른 의견을 내놓지 않다가 퇴근 후 곰곰이 생각해보았다. 이미 잠재력이 없는 동부지역을 지키는 것보다는 비록 힘들겠지만 상권이 넓은 중서부의 미개척 지역을 개척하는 편이 해볼 만한 일이라고 생각했다. 더군다나 그는 신규 시장 개척에 자신이 있었고 마침 회사에서도 그런 사람을 필요로 하고 있으니, 이 얼마나 좋은 기회인가?

그래서 샤오천은 중서부 지역의 가전시장을 자신이 개척해보기로 결심하고, 곧바로 회장에게 보고하여 승인을 얻었다. 이듬해 연말 총결산에서 그는 대량의 고객을 확보하며 중서부 지역 개척의 좋은 시작을 열었다는 평가를 받았다. 이로써 그는 회사 부회장으로 승진했고, 중서부 지역을 책임졌다.

샤오천은 정확한 상황 판단력으로 자신의 능력이 필요한 신규시장을 선택해 장점을 발휘했다. 그래서 우수한 실적도 올리고 개인적인 업무 영역도 넓혔다.

류촨즈(柳傳志)는 창업하기 전 중국 과학원 계산소의 외부설비 연구실에서 13년간 마그네틱 레코드 회로 연구에 매진해 여러 차례 상도 받았다. 그러나 연구 결과는 정작 현실에 응용되지 못해서 연구 자체가 무의미해졌고, 그 때문에 속을 많이 끓여야 했다. 그뿐만 아니라 자신들의 연구는 해외 연구 수준과 상당한 차이가 있었다. 그는 자신의 열정이 부족한 것도 아닌데 하고 싶은 것을 마음껏 할 수 없는 현실이 그저 답답했다. 결국 류촨즈는 과감하게 연구를 그만두고, 아무리 고생스럽고 힘들어도 회사를 차리기로 결심했다.

"나는 회사의 평범한 간부가 된다고 해도 잘할 자신 있다. 성공하기 위해서 무엇이 중요한지쯤은 분석할 수 있는 능력이 있으니까."

1984년, 그는 20만 위엔을 투자하여 계산소 직원 열 명과 함께 오늘날 렌샹(聯想)그룹의 초석이 된 컴퓨터기술연구소

신기술발전공사를 창립했다. 초창기에는 자금이 너무 적고 직원들도 할 일이 별로 없어서 월급을 제때에 주지 못할 때가 많았다. 그래서 그들은 다른 회사의 부품을 조립해주는 잔일거리로 근근이 회사를 유지해 나갔다. 하지만 시간이 갈수록 류촨즈는 자신들만의 시장을 모색해나갔고, 마침내 회사를 정상궤도에 올려놓았다.

만약 류촨즈가 안정적인 직업을 포기하면서까지 창업을 선택하지 않았다면, 그는 아마도 작은 연구부서의 간부가 되는 것에 만족했을 것이다. 그러나 그것은 결코 그가 원하는 것이 아니었으며, 자신의 재능도 충분히 발휘하지 못한다. 그리고 큰돈을 벌거나 직원들을 부자로 만들어주지도 못했을 것이다. 류촨즈처럼 자신의 장점을 가장 잘 살릴 수 있는 곳에서 재능을 발휘해야 쉽게 성공할 수 있다.

가난이나 고생은 두려워하지 마라. 어떤 경우에는 선택하거나 포기할 줄 알고, 자신이 가장 유용하게 쓰일 수 있는 곳으로 가야 한다. 잠시 동안 좋은 업무환경에서 후한 대우를 받으며 일할 수 없다고 해도, 그곳은 당신이 성장할 수 있는 옥토가 된다. 그곳에서 언젠가는 남보다 빛나는 당신의 재능을 마음껏 발휘하게 될 것이다.

　몇 천 년 전부터 중국은 예를 중시하는 나라로 불릴 만큼 사람을 대할 때 항상 예의와 격식을 갖춰 상대를 존중했다. 예로써 상대방을 대하는 것은 존경의 표현이며, 이때 개인의 교양 수준도 함께 드러난다. 그런데 가끔 우리는 능력이 많고 적음을 떠나서 다른 사람에게 지나치게 겸손한 사람들을 종종 보곤 한다. 물론 겸손한 것이 나쁘다고 말하려는 것은 결코 아니다. 하지만 어떤 경우에는 너무 겸손을 떨어서 오히려 상대방이 당신을 무능력하다고 생각할 수도 있다. 겸손은 사람을 발전시키고 교만은 사람을 후퇴하게 만들지만, 겸손하지 않다고 해서 반드시 교만하다고 할 수는 없다. 있는 그대로 자신에 대해 이야기하고 당신의 장점을 상대방에게 보인다면, 겸손할 때보다 더 많은 기회를 얻게 될지도 모른다.

　인사 책임자로 일하는 내 친구가 이런 이야기를 들려준 적이 있다.

　한번은 회사 내의 세 지점에서 새로운 부사장을 초빙해야 했다. 친구는 수많은 지원자 이력서 가운데서 다섯 명을 엄선했고, 면접시험을 통해 최종적으로 세 명의 부사장을 뽑았다. 세 사람 모두 다년간의 업무 경험을 가진 능력 있는 부사장이었다. 출근 첫날, 세 명의 부사장들은 제일 먼저 입사 절차부터 밟았다. 인사 책임자인 친구는 세 부사장의 입사 서류를 처리하면서 이야기를 나눌 기회가 있었는데, 이때 나눈 몇 마디가 인사 결과에 큰 영향을 주었다. 첫 번째 부사장은 예전에 한 성(省)의 시장을 개척했고 지금도 두 성의 시장을 개발하고 있으니 큰 문제 없이 해나갈 것이라고 말했다. 두 번째 부사장은 예전에 두 성의 시장을 개발했는데, 현재 그 고객들을 활용하면 될 것이라고 말했다. 세 번째 부사장은 매년 새로운 시장을 개척할 수 있다며 자신 있게 말했다. 결국 지나치게 겸손한 두 번째 부사장은 계약기간이 끝나기도 전에 해고되었다.

사실, 두 번째 부사장에게 큰 잘못이 있는 것은 아니다. 단지 그는 자기 장점을 충분히 어필하지 못했을 뿐이다. 그래서 인사 책임자는 마치 그를 기존 고객들만 유지하면서 신규 고객을 유치할 능력이 없는 사람으로 오해했다. 똑같은 월급을 줘야 한다면 회사는 능력 있는 사람을 원하는 것이 지극히 당연하다.

갈수록 치열해지는 경쟁사회에서는 자신의 장점을 다른 사람에게 적절히 보여줄 필요가 있다. 옛 사람들의 이야기 속에도 그 좋은 본보기가 있다.

기원전 257년, 야심만만한 진나라 소왕(昭王)은 몇십만 군대를 파견하여 조나라의 수도 한단을 포위 공격했다. 다급해진 조나라의 효성왕(孝成王)은 평원군(平原君)을 초나라로 보내어 지원군을 요청했다. 평원군은 문무를 겸비한 사람을 스무 명 선발하여 다 함께 초나라로 떠날 계획이었다. 그가 19명을 선발하고 나머지 한 명을 아직 정하지 못했을 때였다. 빈객 중에 모수(毛遂)라는 자가 찾아와 평원군과 함께 갈 사람으로 자신을 추천했다.

평원군이 그에게 물었다.

"선생이 나를 찾아온 지 몇 년이나 되셨소?"

모수가 대답했다.

"3년 되었습니다."

그러자 평원군이 말했다.

"뛰어난 선비는 주머니 속에 있는 송곳과 같아서 아무리 숨기려 해도 뾰족한 끝이 삐져나오는 법인데, 지난 3년 동안 나는 주위 사람이 선생을 칭찬하는 말을 들어 본 적이 없소. 그

건 아마도 선생에게 뛰어난 점이 없기 때문일 것이오. 그러니 선생은 그냥 여기 머물러 있으시오.”

그러나 모수는 그의 말에 아랑곳하지 않았다.

“저는 오늘에서야 평원군의 주머니에 들어가기를 청하는 것입니다. 만약 제가 진작부터 주머니 안에 들어가 있었다면, 송곳 끝뿐만 아니라 송곳 자루까지도 튀어나왔을 것입니다.”

모수에게 설득된 평원군은 그를 포함한 스무 명을 데리고 초나라로 향했다. 이후 모수는 자신의 재능을 마음껏 발휘하여 초나라의 지원군을 받아냈으며 한단의 포위도 풀었다. 평원군은 모수를 칭찬하며 이렇게 말했다.

“모 선생은 그곳에 도착하자마자 초나라의 예우를 받아 냈소. 모 선생의 말은 백만 군대보다 강했소.”

후에 평원군은 모수를 상객(上客)으로 대우했다.


자신의 장점과 재능을 얼굴에 써놓고 다니는 사람은 없다. 어떤 경우에는 자신의 장점을 충분히 드러내도록 다른 사람들에게 알려야 한다. 좋은 술도 골목 깊숙한 곳에 있으면 손님들이 찾아오지 않기 때문이다. 그렇다면 어떻게 해야 사람들이 당신의 재능을 알아보고, 당신이 허풍쟁이가 아니라는 것을 알게 할 수 있을까? 아래의 방법들을 참고해보자.

첫째, 시도 때도 없이 자기 장점을 늘어놓지 말고, 능력을 발휘하기에 적합한 때를 골라 말하라.

둘째, 자신의 장점이 어디에 유용한지를 콕 꼬집어 말하라. 어떤 문제든 다 해결할 수 있다고 말하면 안 된다.

셋째, 자신의 장점을 말할 때, 상대방이나 그의 물건을 무시하는 듯한 말투나 눈빛이나 표정은 금물이다. 언제든 누구에게나 정중히 대해야 한다.

# + 생각의 전환으로 장점을 만들어라

　일을 하다가 어려움에 부딪치면 사람들은 포기를 택하지만, 뛰어난 사람들은 생각을 바꿔 문제해결방법을 찾는다. 옛날에 전기(田忌)라는 사람도 생각을 조금 바꿔 불리한 상황을 유리하게 만들었다.

　제나라의 대장군인 전기는 경마를 좋아했다. 하루는 그가 제나라 위왕(威王)와 경마시합을 하게 되었는데, 각자 세 마리의 말을 상, 중, 하, 이렇게 세 등급으로 나누어 같은 등급의 말끼리 시합하기로 했다. 하지만 위왕의 말들은 모든 등급에서 전기의 말보다 빨랐고, 결국 전기는 세 번 모두 지고 말았다.

　전기는 실망한 나머지 의기소침해서 경마장을 떠나려고 했다. 그때 마침 구경꾼들 속에서 자신의 친한 친구인 손빈(孫臏)을 만났다. 손빈은 전기를 위로하며 말했다.

　"나도 방금 경주를 보았는데, 위왕의 말이 자네 말보다 그다지 빠르지 않더군."

　전기는 손빈의 말이 끝내기도 전에 화를 냈다.

　"자네도 나를 비웃는 것인가?"

"비웃는 것이 아닐세. 자네가 다시 위왕과 경주를 한다면 내가 반드시 자넬 이기게 해 주겠네."

전기는 의심스러운 눈빛으로 손빈을 쳐다보았다.

"다른 말로 바꾸기라도 하려고?"

그러자 손빈은 고개를 내저었다.

"한 마리도 바꿀 필요 없네."

전기는 손빈이 도무지 미덥지가 못했다.

"그럼 또 지잖아!"

하지만 손빈은 자신 있게 말했다.

"좋은 수가 있으니 일단 내 말대로 해보게!"

잠시 뒤 징 소리가 울리고 또다시 경기가 시작되었다.

손빈은 우선 하급 말을 출전시켜 위왕의 상급 말과 겨루게 했다. 물론 결과는 뻔하게도 전기의 말이 졌다. 그러자 위왕이 자리에서 일어나서 말했다.

"그토록 명성이 자자한 손빈 선생께서 이렇게 형편없는 대책을 세울 줄은 몰랐구나."

그러나 손빈은 그 말에 개의치 않았다. 이어서 두 번째 경기가 열렸다. 이번에 손빈은 전기의 상급 말로 위왕의 중급 말과 겨루어 이겼다.

위왕은 조금 당황해 어쩔 줄을 몰라 했다.

세 번째 경기에서 손빈은 마지막 남은 전기의 중급 말로 위왕의 하급의 말과 겨루어 이겼다. 이렇게 되자 위왕은 어안이 벙벙해졌다. 결국 세 경기 중 두 경기에서 전기가 위왕을 이긴 셈이었다.

손빈은 전기보다 생각이 훨씬 더 유연했다. 조금만 바꾸어 생각하면 어려움 속에서도 희망이 보이는 법이다. 이런 경우는 현대의 비즈니스 전쟁에서도 흔히 볼 수 있다.

구두약을 생산하는 독일의 A회사는 상품의 품질도 우수하고 포장도 깔끔해서 소비자들의 많은 사랑을 받았다. 매출액은 분기마다 가파른 상승곡선을 그렸고, 매년 증가율이 12~25%나 되어 회장도 아주 만족스러웠다.

하지만 몇 년이 지나지 않아서 A회사의 경쟁사가 등장했다. 경쟁사의 상품도 A회사와 마찬가지로 소비자들의 뜨거운 환영을 받았다. 결국 경쟁사가 A회사 매출의 절반을 뚝 떼어가는 상황에 이르렀고, 이듬해에는 A회사의 실적이 거의 정체되다시피 했다. 더 이상 지켜볼 수만은 없었던 회장은 전국의 사장급 간부들을 모두 불러 회의를 열고 대책을 논의했다.

어떤 사람은 구두약의 용량을 조금 늘리자는 의견을 내놓았다. 그러자 원가가 너무 높아진다고 반박하는 사람이 있었다. 또 어떤 사람은 용량을 줄여 원가를 낮추자고 말했다. 그렇게 온갖 의견들이 쏟아지는 가운데, 한 젊은 마켓부서 사장이 조용히 자리에서 일어나 회장에게 말했다.

"제가 한 말씀 드리겠습니다. 제 생각에 용량에 변화를 줄 필요는 없는 것 같습니다. 하지만 제 의견대로 하신다면 경쟁 회사보다 더 많은 수익을 얻을 것입니다. 대신 제게 1만 마르크를 주십시오."

회장은 그 말을 듣고 벌컥 화를 내며 말했다.

"난 자네에게 이미 충분한 보수를 준다고 생각하는데, 1만 마르크나 더 달라고 하다니, 이건 너무 불합리한 조건 아닌가?"

"언짢게 생각하지 마십시오. 만약 제가 제시한 방법이 전혀 효과가 없으면 1원 한 푼도 주실 필요 없습니다."

"그럼 좋네!"

회장은 흔쾌히 대답했다.

젊은 사장의 의견은 의외로 간단했다. 현재의 구두약 용기 입구를 1밀리미터만 넓게 만들자는 것이었다.

회장은 곧바로 그렇게 바꾸라고 지시했다. 일 년 후, 이 회사의 연매출 증가액은 32%에 달했다.

생각을 바꾸어 세상을 바꾼 예는 항공업계에도 있다.

말레이시아 국적의 에어아시아(Air Asian)는 다른 항공사에 비해 항공료가 저렴한 저가 항공사다. 말레이시아와 태국 간 노선의 경우 가장 저렴한 요금은 19링깃, 즉 우리나라 돈으로 약 7,000원 정도밖에 되지 않는다. 물론 승객 모두에게 적용되는 가격은 아니며, 특별히 선착순 100명만 이런 혜택을 누릴 수 있다. 이렇게 확실한 가격 혜택으로 에어아시아는 적지 않은 고객을 유치할 수 있었다. 그렇다면 어떻게 이처럼 저렴한 요금이 가능한 것일까?

내가 직접 이 항공사를 이용하면서 그들만의 영업 전략을 살펴보았다.

첫째, 오직 인터넷으로만 표를 예약할 수 있다. 사무실이나 매표창구가 별도로 마련되어 있지 않으며, 여행사에 대리 권한도 부여하지 않았다. 그 덕분에 업무 인원을 대폭 줄이고 원가를 낮췄으며, 여행사에 지급해야 할 수수료도 아낄 수 있었다.

둘째, 기내 음식을 무료로 제공하지 않는다.

셋째, 일반적인 항공회사는 20kg까지는 수화물 요금이 무료다. 하지만 에어아시아는 15kg까지 무료이며 초과되는 무게에 대해 반드시 추가비용을 지불해야 하고, 그것을 절대 몸에 휴대할 수 없다.

넷째, 이륙 10분 전에야 비행기 탑승을 시작한다. 기내 승객의 대기 시간을 대폭 줄였다.

다섯째, 표를 변경할 수 없다.

여섯째, 비행기가 공항 외각에 착륙하며, 셔틀버스는 제공하지 않는다.

이런 방법으로 에어아시아는 원가를 크게 절감하여, 저렴한 요금으로 승객들을 유치할 수 있었다.

생각을 전환하여 자신의 장점을 효과적으로 드러내는 것은 그리 어려운 일이 아니다. 모든 일을 이처럼 한다면, 회사 내 그 누구도 당신을 대신할 수 없을 것이다.

# + 새로운 장점을 끊임없이 발굴하라

선생님이나 부모님은 우리에게 종종 다양한 일들을 경험하다 보면 자신도 모르는 장점들을 깨닫게 된다고들 말한다. 그 말은 누구에게나 장점이 단 하나만 있는 것은 아니라는 의미이기도 하다. 그렇다면 그런 장점들을 얼마나 밖으로 끄집어낼 수 있느냐가 관건이라 할 수 있다. 그런데 이 세상에는 이미 자신의 다양한 장점들을 성공적으로 발굴해낸 사람이 적지 않다.

2009년에 이어 2011년에도 중국 자동차 랠리 선수권 대회에서 우승을 거머쥔 이 사람은 2007년에 중국 자동차 트랙 선수권 대회에서도 챔피언이 된 바 있다. 그는 중국 직업 카레이서 역사상 유일하게 트랙과 랠리 두 부문에서 2관왕을 차지한 사람이며, 현재 중국 카레이싱계를 이끌어가는 리더로 '중국 카레이싱계의 일인자'라고 해도 과언이 아니다.

그가 누군지 알겠는가?
아마 자동차 경주에 관심이 없는 사람들은 그 명성이 얼마나 높은지 잘 모른다. 하지만 그의 이름을 들으면 그런 사람들도 깜짝 놀랄 것이다. 카레이싱 세계에서 대단한 재능을 보여준 그는 놀랍게도 유명 작가로 더 많은 사람에게 알려졌기 때문이다.

중국인이라면 누구나 한한(韓寒)이라는 작가를 잘 알고 있다. 그는 글쓰기 능력이 뛰어날 뿐만 아니라 카레이싱이라는 두 번째 장점을 제대로 발휘한 것이다.

한한은 참으로 대단한 사람이다. 전혀 다른 두 분야에서 모두 성공했기 때문이다. 그런 까닭에 네티즌들은 그가 몇백 년만에 나올까 말까 한 인물이라며 높이 평가하고 있다.

한한처럼 완전히 다른 두 분야에서 성공한 사람은 보기 드물지만, 한 가지 장점을 바탕으로 그와 관련된 분야의 장점을 하나 더 가지고 있는 경우는 많다. 예를 들어 전 영국 수상인 마거릿 대처나 미국의 버락 오바마 대통령은 정치인으로서의 장점을 가지고 있을 뿐만 아니라 연설에도 남다른 재능이 있다. 즉, 그들은 뛰어난 정치가이자 훌륭한 연설가이며, 두 분야는 아주 밀접한 관련이 있다.

어떤 회사의 사장이 비서에게 업무지시를 하던 중 급한 전화를 받고 서둘러 가야 할 곳이 생겼다. 그런데 때마침 운전기사가 자리에 없어서 난감했다. 그러자 비서는 자기도 운전을 할 줄 안다고 사장에게 말했다. 사장은 반신반의했지만 사정이 워낙 급해서 하는 수 없이 비서에게 운전을 시켰다. 도로에 들어서자 비서는 능숙하게 자동차를 몰았다. 그제야 마음이 놓인 사장은 운전을 어떻게 배우게 되었냐고 비서에게 물었다. 비서는 복잡한 길에서 윈도쇼핑을 하다가 자신의 방향감각이 탁월하다는 것을 알게 되었고, 아무래도 운전에 소질이 있는 것 같아서 곧바로 자동차 운전학원에 등록했다고 말했다.

이처럼 장점이 많으면 급할 때 요긴하게 활용할 수 있다.

장점이 많은 것은 가지고 있는 기술도 많다는 뜻인데, 그만큼 스스로 발전하여 목표를 이루고 성공하는 데 유리하다. 자신이 가진 장점들을 발굴하고 싶다면, 다음 몇 가지 방법을 참고하라.

첫째, 현재 누구나 인정하는 자신의 장점을 자세히 살펴보고, 그와 관련된 분야 중에서 관심 가는 분야가 있는지를 생각해보라. 있다면 꼭 한번 도전하라.

둘째, 현재 자신이 아는 장점과 그다지 연관이 없어도 특별히 좋아하는 분야가 있다면 그 분야를 집중적으로 파고들어 실력을 키워나가도 좋다.

　셋째, 만약 관심 있는 분야가 여러 개라면 꼼꼼하게 따져서 가장 좋아하는 것 하나만 선택해야 한다. 그렇지 않으면 그 중 어느 것 하나도 제대로 못해내기 때문이다. 수많은 장점을 동시에 키울 수 있다고 자신하지 마라. 현실은 절대 그렇지 않다.

자신의 장점을 살릴 수 있는 현실적인 목표는 장점을 발휘하여 발전시킨다.

강한 마음가짐이
가장 결정적인 장점이다

# + 능력만큼 훌륭한 마음가짐도 필요하다

안정적으로 세상을 살아가려면 똑똑한 머리나 다양한 능력도 필요하지만 훌륭한 마음가짐도 반드시 필요하다. 마음가짐이 종종 성패를 결정하기 때문이다. 마음가짐이 올바르면 자신의 재능이나 지혜를 충분히 발휘할 수 있다. 이와 반대로 아무리 머리가 좋고 재능이 뛰어나도 마음가짐이 올바르지 못하면 실패한다. 종종 능력이 턱없이 부족해도 성공하는 경우는 모두 훌륭한 마음가짐을 가졌기 때문이다.

훌륭한 마음가짐은 사람을 끌어당기는 독특한 매력을 발산한다. 그래서 사람들은 대부분 그런 사람과 잘 지내길 바란다. 여기서 잠깐 판매사원들에 대해 이야기하겠다. 그들은 대개 자신의 상품을 팔기 위해 여러 곳을 돌아다니면서 짓궂은 날씨와 고객의 냉대 등을 겪으며 적잖이 실망하거나 마음 상하는 경우가 많다. 그런데 이 사람은 어떠했을까?

일본 보험업계의 대부라 불리는 하라이치 헤이(原一平)는 키가 겨우 145㎝밖에 되지 않으며 지극히 평범하게 생겼다. 그가 맨 처음 메이지야스다 생명(明治安田生命)의 보험설계사로 지원했을 때, 면접관은 외모만 보고 그를 거들떠보지도 않았다. 그러나 그는 한 번만 기회를 달라며 간곡히 부탁해서 수습사원이라는 신분으로 겨우 회사에 들어갈 수 있었다.

수습기간 내내 하라이치 헤이는 고달프게 일했다. 사무실에는 그의 책상이 없었으며, 월급도 받지 않고 베테랑 보험설계사의 허드렛일이나 도와야 했다. 하지만 그 정도는 어떻게든 참아낼 수 있었다. 정작 하라이치 헤이를 힘들게 한 것은 7개월이나 다니는 동안 단 1원의 보험계약도 따내지 못했다는 사실이었다. 만약 연말까지 매월 10만 엔의 보험액수를 채우지 못하면 그는 회사에서 잘릴 상황이었다. 그래서 그는 스트레스가 심했지만 결코 좌절하지 않고 오히려 투지를 불태웠다.

그는 매일 여기저기 돌아다니며 무슨 일이든 최선을 다했다. 그는 조금이라도 긴장을 늦추지 않으려고 매일 아침 거울을 보며 큰 소리로 이렇게 외쳤다.

"세상에 단 하나뿐인 하라이치 헤이! 너는 강한 의지와 영원히 실패하지 않는 의지를 가졌다! 고생은 잠시뿐! 나는 반드시 성공할 거야! 꼭 그럴 거야!"

그는 새벽 5시에 일어나 이렇게 자신을 격려한 뒤 회사에 출근했다. 출근길에서 마주치는 사람들에게 항상 웃는 얼굴로 인사했다. 날마다 활기차게 출근하는 그의 모습을 무척 인상

깊게 지켜보던 한 신사는 그에게 아침 식사를 함께 하자고 청하기도 했다. 하지만 하라이치 헤이는 설령 배가 고프더라도 그의 호의를 정중히 거절했다.

나중에 하라이치 헤이가 보험설계사인 것을 알게 된 그 신사는 이렇게 말했다.

"식사를 함께 안 하시겠다면 보험이라도 꼭 들어주고 싶네요!"

이렇게 하여 그는 처음으로 보험 계약을 체결하게 되었다. 그런데 알고 보니 그 신사는 아주 큰 호텔의 사장이었다. 그는 자기 보험뿐만 아니라 여러 회사에도 하라이치 헤이를 소개시켜 주었다. 그 덕분에 하라이치 헤이의 실적은 수직으로 상승했고, 9월 한 달 동안에만 16만 8천 엔의 보험을 판매하여 당초의 목표를 크게 초과달성했다.

사실 하라이치 헤이의 첫 보험계약은 그의 긍정적인 마음가짐과 맞바꾼 것이라 할 수 있다. 그만큼 훌륭한 마음가짐은 성공하는 데 있어 대단히 중요하다! 특히 기업을 경영하는 사람들은 기업의 운명과 관련된 중대한 결정을 수시로 내려야 하는데, 그럴 때는 영리함과 선견지명도 필요하지만, 그보다 더 중요한 것은 그의 마음가짐이다. 그래야 위기가 닥쳐도 당황하지 않고, 객관적으로 문제를 판단하여 정확한 결정을 내릴 수 있다.

다시 말해 올바른 마음가짐은 객관적으로 일을 판단하고 사람들과 더 잘 어울려 훌륭하게 임무를 완성하게 하므로 결코 결여되어서는 안 된다. 제갈량에게 그런 마음가짐이 없었더라면 공성계(空城計, 성을 비워 적을 유인해 혼란에 빠뜨리는 계책—옮긴이)를 쓸 수 없었을 것이다. 쥐런(巨人) 그룹의 CEO 쓰위주(史玉柱)도 마음가짐이 형편없었다면 결코 재기하여 눈부신 성과를 이루지 못했을 것이다. 그러므로 자신의 능력뿐만 아니라 훌륭한 마음가짐도 지녀야 한다는 사실을 잊지 마라. 침착하면서도 투지가 불타고, 신중하면서도 용기 있는 마음가짐으로 다른 사람과 어울리면, 당신은 일과 삶 모두 풍년을 맞이할 것이다.

# + 다른 사람의 세상에서 살지 마라

자신의 장점을 100% 활용하는 사람은 없다. 자신의 귀한 장점을 충분히 살리지 못하는 것은 너무나 안타까운 일이지만, 그보다 더 안타깝고 끔찍한 일은 다른 사람의 장점이 자신에게도 적합하다고 여겨서 무턱대고 자신의 것으로 만들려고 하는 것이다.

옛날 어느 마을에 농부 두 명이 살고 있었다. 두 사람 모두 그 마을에서는 알아주는 농사꾼으로 다른 사람들의 모범이 되었다. 어느 해 연말에 하이난(海南)에서 일하던 고향 사람이 집에 다니러 왔다가 두 농부에게 이런 말을 했다.

"하이난 섬에서 기르는 농산물들은 수익이 높아요. 게다가 일 년에 몇 번이나 수익을 뽑을 수 있다니까요."

물가가 하늘 높은 줄 모르고 치솟고 있어서 농산물 가격도 껑충 뛸 것이라 생각했던 두 농부는 그 말에 상당히 구미가 당겼다. 고향 마을에서는 이미 단맛 쓴맛을 다 경험했기 때문이었다. 결국 두 농부 중 왕씨는 설 이후에 그 사람을 따라 하이난으로 가기로 했고, 또 다른 농부 정씨는 좀 더 고민해보기로

했다. 정씨가 선뜻 결정을 내리지 못하던 중, 때마침 이웃 중
에 누군가가 남쪽으로 이사를 간다는 소식이 들렸다. 그래서
정씨는 하이난에 가지 않고 그들이 두고 가는 땅을 임대해서
농사를 더 크게 짓기로 마음을 굳혔다.

설이 지난 뒤 왕씨는 부푼 꿈을 안고 하이난으로 가 버렸고,
정씨는 임대절차를 잘 마무리하고 즐겁게 그해 농사일을 시작
했다. 세월이 흘러 10월 1일 국경절 날, 뜻밖에도 왕씨가 고향
으로 돌아왔다. 정씨는 그가 분명히 떼돈을 벌어 금의환향했
을 것이라고 생각하며 왕씨를 찾아갔다. 하지만 왕씨는 돈을
벌기는커녕, 오히려 더 많은 빚을 지게 되었다고 말했다. 농경
지를 넓혀 작년보다 수입이 몇 배 오른 덕분에 무척 만족스럽
게 지내던 정씨와는 정반대의 처지였다. 정씨는 왕씨와의 이
야기를 통해 어찌된 영문인지를 알게 되었다. 알고 보니 남부
지방의 기후와 풍토가 고향과 너무 달라서, 고향에서의 농사
방식과 경험이 그곳에서는 아무런 쓸모가 없었다. 결국 왕씨
는 자신의 장점과 재능을 조금도 살리지 못했고, 그가 시도한
방법들은 현지의 자연조건과 전혀 맞지 않아서 흉작을 면하기
어려웠다. 하지만 정씨는 고향의 기후와 풍토를 누구보다 훤
히 꿰고 있었기에 마치 숨을 쉬는 것처럼 수월하게 농사일을
해나갈 수 있었다.

왕씨가 주는 교훈은 확실하다. 자신의 장점은 버리고 맹목적으로 일만 했던 그가 그런 결과를 얻게 된 것은 어쩌면 자업자득이라고 할 수 있다. 아무리 후광이 밝게 빛나더라도 자신에게 맞는지를 제대로 알고 있어야 한다. 눈부신 후광에 가려서 오히려 자신을 잃어버리는 경우는 없어야 하기 때문이다.

세계적으로 유명한 미국의 천재 농구선수 코비 브라이언트(Kobe Bryant)는 사람들에게 제2의 마이클 조던이라 불린다. 만약 당신이 농구선수인데, '농구의 신'이라고 불릴 정도로 대단한 선수의 뒤를 잇는 재목감이라는 평가를 받았다면 어떻겠는가? 당연히 영광이라고 생각하면서 그의 뒤를 따르려고 고군분투하지 않았을까? 대다수의 사람들은 그랬겠지만 코비는 그렇지 않았다.

한 인터뷰에서 기자가 그에게 제2의 마이클 조던이라고 부르자, 코비는 이렇게 말했다.

"조던은 농구 역사상 위대한 농구스타 중 하나다. 그의 타고난 재능이나 코트에서 보여주는 패기와 승부욕은 모든 사람이 배울 만한 가치가 있다. 그만큼 그는 위대하고도 유일한 존재이기 때문에 나는 '제2의 조던'이 있을 수 없다고 생각한다. 나는 나일뿐, 코비라는 이름의 또 한 명의 농구선수다. 나는 내가 가진 장점을 코트에서 마음껏 발휘하며 승리를 거머쥘 것이다. 그래서 또 하나의 위대하고 유일한 농구선수가 될 것이다. 그러니 기억해라. 내 이름은 코비 브라이언트다."

다른 사람의 장점은 절대 내 것이 아니며 내게 적합하지도 않다. 분별없이 타인의 장점을 가지고 자신의 세상에서 사는 것은, 자신에게 충실하고 자기 장점을 살려 성공하는 것만 못하다.

# + 주관 없이 굴지 말고 이성적으로 판단하라

한 초등학생이 있었는데 암산 능력이 워낙 뛰어나서 웬만한 계산은 암산으로 해결했다. 한번은 선생님이 그의 암산 실력을 테스트해보고 싶어서 그에게 문제를 냈다. 예상대로 그는 재빨리 계산을 끝냈다. 그런데 같은 반 친구 한 명이 계산을 잘못한 것 같다며 장난스럽게 말했다. 하지만 그때까지도 그는 자신의 답이 옳다고 확신했다. 그런데 그 답이 틀린 것 같다고 말하는 친구가 또 있었다. 설상가상으로 선생님까지도 계산이 틀린 것 아니냐고 물었다. 사실 선생님은 그 학생의 반응을 보고 싶어서 일부러 거짓말을 했던 것이다. 아무튼 일이 그렇게 되자 학생도 자신의 답이 틀린 건 아닌지 의심하기 시작했고, 결국에는 진짜로 틀린 것 같다고 인정하기에 이르렀다. 그 일로 교실은 한 바탕 웃음바다가 되었다.

나중에 선생님이 그 학생에게 말했다.

"네 판단을 믿어야 한단다. 설령 다른 사람이나 선생님이 네가 틀렸다고 말해도 그렇게 쉽게 자신의 판단을 바꿔버려서는 안 돼. 다시 한 번 계산해보고 네가 옳다는 걸 증명해야지. 친구들이 모두 틀렸을지도 모르잖아?"

이것은 학교에서 일어난 일에 불과하지만, 회사에서도 이런 일이 많이 일어난다. 특히 기업이 어떤 대형 프로젝트를 추진하다보면 온갖 의견들과 충돌하는데, 대다수의 사람들이 자신의 의견과 다르거나 혹은 윗사람의 반대를 만나면 쉽게 자신의 생각을 저버리고 그들의 의견에 굴복하는 경우가 많다. 그러나 정답은 종종 소수의 사람들 손에 쥐어져 있기도 한다. 그러므로 다른 사람에게 휘둘려서 판단을 번복하면 안 된다. 일단은 자신의 의견을 그대로 고수하면서, 사실을 이용해 자기 판단이 옳았음을 증명하도록 하자.

중국의 유명 지질학자인 리쓰광(李四光)이 베이징 대학의 지질학과 교수이자 학과장을 맡고 있을 당시, 세계 지질학과 지리 학계에서 오랫동안 인정하는 견해 중 하나는 중국의 지질에는 제4기 빙하가 없다는 것이었다. 중국 내의 적지 않은 지질학자들도 모두 그렇게 생각했지만 리쓰광은 서양 학자들의 의견을 그대로 받아들이지 않았다. 그는 자신의 지질학적 재능을 근거로 실질적인 연구에 돌입했다. 1921년에 그는 허베이(河北) 타이항산(太行山)에서 실제적인 지질 조사를 진행했고, 1933년에는 창장 중하류에서 조사를 진행했다. 오랜 기간의 조사와 분석 끝에 그는 중국 화북지역과 창장 유역에 제

4기 빙하가 널리 분포한다는 사실의 논문을 써서 자신의 의견을 입증했다. 1939년에는 세계지질학회에 '중국의 4기 빙하'라는 논문을 발표하여 지질학, 지리학, 인류학의 연구에 크게 공헌했다. 리쓰광은 실사구시 정신을 근거로 자기 주관대로 밀고 나가 마침내 탁월한 성과를 거두었다.

자신이 내린 이성적인 판단을 쉽게 뒤바꾸지 마라. 설령 전 세계 사람들이 모두 반대 입장에 서더라도 조금도 두려워할 필요 없다. 동서고금을 막론하고 이 같은 용기를 보여준 사례는 참 많았는데, 폴란드 천문학자인 코페르니쿠스도 그중 한 사람이다.

원래 코페르니쿠스는 뛰어난 의술로 '신의(神醫)'라는 칭송을 받는 의사였다. 그는 결코 전문적으로 천문학을 공부한 천문학자가 아니었으며, 그의 저서들은 여가 시간에 틈틈이 완성한 것이다. 이탈리아 유학시절에 코페르니쿠스는 그리스 철학자 아리스타코스(기원전 3세기)의 학설을 접하면서, 지구와 그 외의 행성들이 모두 태양의 주위를 돌고 있다는 지동설을 확신하게 되었다. 그는 마흔이 넘어서 자신이 작성한 간단한 원고를 친구들 사이에 유포시키기도 했는데, 거기에 '지동설'

과 관련된 자신의 견해를 상세하게 논술했다. 그 후 오랜 시간의 관찰과 계산을 거쳐 그는 마침내 위대한 저서인 《천체운행론》을 완성했다.

코페르니쿠스의 '지동설' 발표 이전에는 '천동설'이 줄곧 중세기 유럽의 지배적인 학설이었다. 예로부터 인류는 천체구조에 대해 끊임없이 고민해왔다. 과거 그리스시대에 어떤 철학자가 지구는 움직인다는 주장을 펼쳤을 당시에는 이를 뒷받침할 근거가 부족해 사람들의 인정을 받지 못했다. 그러다가 고대 유럽의 아리스토텔레스와 톨레미가 지구는 움직이지 않고 천체가 지구를 중심으로 돈다는 '천동설'을 주장하자, 통치자의 위치에 있던 로마 교황청은 이 학설을 적극적으로 지지했다. 《성경》에 나오는 천당, 사람, 지옥에 관련된 이야기가 천동설과 딱 맞아 떨어졌기 때문이다. 그들은 하느님의 천지창조와 천동설을 교묘히 결합하여 우매한 사람들을 속이고 자신들의 권력을 유지했다.

하지만 코페르니쿠스는 자신의 천문학적 재능을 이용하여 좀 더 과학적인 견해를 제시했다. 비록 사람들은 여전히 천동설만 믿었으나, 코페르니쿠스는 굳건하게 자신의 이성적 판단을 고수했고 마침내 인류의 새로운 세계관을 연 위대한 과학자가 되었다.

진리를 추구하기 위해서 죽음도 두려워하지 않는 것은 얼마나 용기 있는 일인가. 다행히 오늘날에는 자신의 결정을 고집하다가 죽음의 위기에 처할 걱정은 할 필요가 없다. 단지 책임 있는 태도와 과학적 증거로 자신의 생각을 끝까지 단호하게 밀고 나가면 성공은 결국 그의 몫이 될 것이다.

그 외에 일러둘 것은, 다른 사람들이 말한 견해에 대해 자신만의 의견도 분명히 있어야 한다는 점이다. 많은 사람이 찬성한다는 이유 때문에 묻지도 따지지도 않고 무턱대고 그 의견에 동의해서는 안 된다. 자신만의 판단을 내려야 남들과는 다른 나만의 개성을 갖게 된다. 판단력은 우리에게 대단히 중요하므로, 훈련을 통해서라도 판단력을 키우고 정확성도 높여야 한다. 그래야 자신의 판단대로 소신 있게 일을 해 나갈 수 있다. 이것은 기업이나 자신에 대한 책임감의 표현이기도 하다.

# + 못하는 일과 싫어하는 일은 과감히 포기하라

주위 사람들과 함께 있거나 친구와 이야기를 나누다보면 자신이 좋아하지 않는 일을 하면서 사는 사람이 의외로 많다. 왜 자신이 좋아하는 일을 직업으로 삼지 못했는지 물어보면, 돈을 많이 못 벌고 대우가 낮아서라고 말하는 사람도 있고, 또 자신이 좋아하는 일로 전업하려고 해도 현실적으로 어찌할 도리가 없다는 사람들도 있다. 그러나 자신이 좋아하지도 않은 일을 하면서 장점을 제대로 발휘하지 못하면 순조롭게 성공적으로 일하기 어려울뿐더러 쓸데없이 바쁘고 평생 아무것도 이루지 못한다.

어느 무더운 날, 작업 인부들이 철길의 노반(路盤, 도로나 철도 선로의 기반이 되는 지반-옮긴이)위에서 일을 하고 있었다. 마침 한 열차가 천천히 지나가기에 그들은 잠시 손에서 일을 놓았는데, 갑자기 그 열차가 멈춰서더니 시원한 객실 칸에서 누군가가 내렸다.

"데이비드, 너니?"

그러자 작업반장인 데이비드가 대답했다.

"오! 짐. 만나서 반가워!"

그들은 상투적인 인사를 나누다가 곧 철도회사 이사장인 짐의 호의로 함께 열차에 올랐다. 두 사람은 한 시간가량 이야기한 뒤 악수하며 작별인사를 했다. 데이비드가 객실에서 내리자 열차는 이내 출발해버렸다. 그러자 인부들이 우르르 몰려와 데이비드를 둘러쌌다. 인부들은 그가 철도회사 이사장과 친구인 사실에 놀라움을 금치 못했다. 사실 데이비드는 짐과는 20년 전 같은 날에 철도회사에 들어와 함께 일한 사이였다. 그러자 인부 중 누군가가 짐은 이사장이 되었는데 데이비드는 왜 여전히 땡볕에서 힘들게 일하고 있냐며 농담 반 진담 반으로 물어보았다. 데이비드는 스스로도 느끼는 바가 많았는지 이렇게 대답했다.

"20년 전에 우리는 날마다 똑같이 1.75달러의 보수를 받으며 일했습니다. 그런데 짐은 한 번도 나처럼 그 돈이 적다고 툴툴거리지 않았죠. 그는 이 일을 무척 좋아했고 항상 즐기면서 일했어요."


데이비드의 말은 우리에게 큰 깨달음을 주는 동시에 자신이 일하는 목적이 무엇인지, 또 자신이 왜 그 직업을 선택했는지에 대해 다시 한 번 생각하게 한다. 우리는 단순히 돈을 벌기 위해서 일을 할까? 아니면 성공을 위해서 일을 할까? 경제적으로 힘들면 빠른 성공과 눈앞의 이익만 쳐다보게 된다. 하지만 성공하고 싶은 사람이라면 반드시 자신을 똑바로 알고 자기에게 적합한 일이 무엇인지를 분명히 알아야 한다. 그렇다면 어떤 분야, 어떤 직장이 자신의 평생 일자리일까? 본질적으로 말하면, 우리가 밥만 먹고 살자고 하는 일은 그런 일자리가 아니다. 개인의 삶에 특별한 의미를 부여하면서도 자신의 빛나는 인생을 위해서 일하는 것이 진정한 일이다. 일은 사람들의 살아가는 생활방식이지만, 일을 통해 자신에게 가장 의미 있는 삶을 찾을 수도 있다.

오토 발라흐(Otto Wallach)는 한 편의 소설처럼 우여곡절 끝에 뛰어난 인재가 되었다. 중학교를 다닐 때 그의 부모님은 발라흐가 문학의 길을 가길 원했다. 그러나 한 학기가 끝나고 선생님이 내린 평가는 부모님의 기대와는 전혀 달랐다.

"발라흐는 열심히 공부하지만 융통성이 별로 없습니다. 저렇게 착해빠져서는 문학을 잘 못해요."

부모는 하는 수없이 선생님의 의견을 존중하여 그에게 유화를 가르치기로 했다. 그러나 발라흐는 구도나 색감은커녕 예술에 대한 기본적인 이해력도 부족했다. 게다가 성적도 반에서 늘 꼴등이었다. 학교는 또다시 그가 받아들이기 어려운 평가를 내렸다.

"발라흐는 아무래도 그림도 소질이 없는 것 같습니다!"

대부분의 선생님들도 특별히 잘하는 것 없는 그가 인재가 될 것이라는 생각에는 모두 회의적이었다. 하지만 화학 선생님만은 생각이 달랐다. 그는 맡은 일을 빈틈없이 해내는 발라흐가 화학실험을 하기에는 적합한 성격을 가졌다고 판단하여, 그에게 화학을 공부해보는 것이 어떠냐고 제안했다. 아니나 다를까 발라흐의 신중한 성격은 화학 분야에서 곧바로 자신만의 영역을 찾게 해주었다. 지혜의 불꽃은 그렇게 순식간에 점화되었고, 그는 우수한 화학성적으로 동급생들을 멀찌감치 따돌렸다.

1910년, 발라흐는 마침내 노벨 화학상을 수상했다.

흥미는 가장 좋은 선생님이다. 자신이 잘하는 일을 하면 자신감이 생기고 힘을 얻어 쉽게 성공할 수 있다. 평생 자신이 좋아하지도 않은 일을 하면서 쓸데없이 바쁘게 살아가는 것은, 자신이 좋아하는 일을 하며 멋지게 사는 인생만 못하다. 한 번이라도 대담하게 부딪쳐보면 나만의 세상을 얻을 수 있다. 허송세월하지 말고 자신이 잘하고 좋아하는 일을 찾아서 해라. 당신은 충분히 성공할 수 있다.

　자신에게 엄격한 것은 중국 사람들의 오래된 미덕이며, 수많은 사람과 어울리며 살아가는 현시대에 요구되는 마음가짐이다. 사실 사람들은 쓸데없이 남을 헐뜯길 좋아한다. 그 무리에 속하게 되면 특별한 이유도 없이 누군가를 비판하면서 똑같은 잘못을 저지르는 자신의 모습을 발견하게 된다.

　어느 날, 한 철학자는 배가 바다에 침몰하는 광경을 우연히 목격하게 되었다. 배에 타고 있던 선원과 승객들이 재난당하는 모습을 바라보며 발만 동동 굴리던 철학자는 하늘도 무심하다며 몹시 안타까워했다. 잘못이라면 그 배를 탄 죄밖에 없는 무고한 사람들에게 하느님이 너무하다고 생각했다.

　그렇게 한참을 괴로워하던 철학자는 문득 주위를 둘러보았다. 시커먼 개미떼가 자신을 둘러싸고 있는 것이 아닌가! 알고 보니 자신이 서 있는 곳은 다름 아닌 개미집 근처였다. 그런데 갑자기 개미 한 마리가 철학자의 몸을 기어오르더니 확 깨물었다. 깜짝 놀란 그는 개미떼를 모조리 밟아 죽여버렸다.

그때였다. 갑자기 하나님이 나타나 철학자의 머리를 지팡이로 내리치며 말했다.

"방금 너도 네가 그렇게 욕하던 하나님처럼 죄 없는 불쌍한 개미들을 죽였구나. 그런데도 나를 욕할 자격이 있느냐?"

자신이 할 수 없는 일을 어찌 다른 사람에게 하라고 요구할 수 있겠는가? 직장에서도 마찬가지다. 자신에게 엄격하지 않은 사람이 맡은 일도 제대로 해내지 못하면서 무슨 자격으로 다른 사람을 평가하겠는가? 더군다나 아무리 일을 못하는 사람이라도 자기 일을 못하는 사람의 비난까지 듣고 싶지는 않다. 그러므로 우리는 남을 비난할 마음으로 자신을 먼저 탓하고 실수를 줄여야 한다. 자신에게 엄격하면서 다른 사람의 모범이 되는 윗사람이야말로 직원들의 능력을 최고로 이끌어낼 수 있으며, 함께 호흡을 맞춰 주어진 임무를 완수하는 기업으로 성장할 것이다.

수춘(壽春)대전에서 원술(袁術)과 대전을 치른 조조는 군사들과 함께 부대로 돌아가던 길에 보리밭을 지나게 되었다. 조조는 특별히 군사들에게 보리의 싹을 밟는 사람이 있으면 참수를 시키겠다는 명을 내렸다. 그러나 공교롭게도 그가 타고 있던 말이 뭔가에 놀라 제멋대로 날뛰다가 그만 보리밭을 엉망으로 짓밟고 말았다. 그러자 조조는 행군주부(行軍主簿)를 불러서 군령대로 자신을 처벌하라고 했다. 행군주부가 이러지도 저러지도 못하자 조조가 말했다.

"내가 만든 법을 나 스스로 어긴다면 어찌 다른 사람들에게 복종하라고 말할 수 있겠는가?"

그는 말을 끝내고 곧바로 검을 들어 자결하려고 했다. 모든 사람이 필사적으로 그를 말리자, 결국 조조는 머리카락을 잘라 자신의 목을 대신했다. 그 모습을 본 장수들은 군령을 엄격하게 집행했으며, 군사들도 너무 두려워서 그 후로는 아무도 군령을 어기지 않았다.


조조는 자신이 내린 명령을 스스로도 엄격하게 지켰다. 무대 위에서 입에 거품을 물고 말하는 것보다는 몸소 실천하는 모습을 보여주는 것이 사람들의 행동을 좀 더 효과적으로 이끌어낼 수 있다. 그러므로 반드시 말과 행동이 일치해야 한다. 한 번이라도 말과 행동이 다른 모습을 보였다면, 더 이상 그 사람을 믿고 따르려 하지 않을 것이다. '자기가 서고자 하면 남을 세우고, 자기가 도달하고 싶으면 남을 도달하게 하라(己欲立而立人, 己欲達而達人)'는 옛말이 있다. 자신이 하고 싶은 일은 다른 사람도 하고 싶은 일이며, 자신이 해낼 수 있어야 남에게 요구할 수 있다.

항상 자기 주변 사람들을 못마땅하게 생각하면서 인간관계가 원만하지 않은 사람들이 있다. 그런 사람들에게는 '가는 말이 고와야 오는 말이 곱다'라는 속담처럼, 주변 사람들을 못마땅하게 생각하기 전에 자신이 먼저 그들에게 잘해주라고 말하고 싶다. 상대방이 변하거나 환경이 달라지길 바라지는 마라. 당신이 먼저 변하면, 환경도 바뀐다! 그러므로 자신이 원하는 환경에서 발전해 나가길 원한다면 일단 행동하기 바란다. 전쟁에서 장수가 병사들보다 앞서 달리듯, 오늘 당신이 직접 보여준 행동은 반드시 보답을 얻을 것이다.

# + 마음속 열정을 불태워라

열정은 일종의 정신력이며, 제아무리 단단한 물건이라 해도 열정만 있으면 부술 수 있다. 또 어떤 사람은 열정을 이렇게 정의한다. '열정이 있으면 익숙하지 않는 사물에 익숙해지고, 복잡한 일도 간단해진다. 열정이 시들지 않으면 평범한 생명도 비범해지고, 보기 힘든 기회도 항상 볼 수 있게 된다.'

한 농산물시장에서 십 대로 보이는 남자아이가 손님에게 열심히 수박을 팔고 있었다.

"보세요. 정말 잘 익은 꿀 수박이죠? 제가 직접 개울 근처에다가 품질 좋은 씨를 뿌리고 물을 듬뿍 주면서 키웠거든요. 그곳은 오후에만 잠시 그늘이 지는 곳이라 일조량이 풍부한 곳이랍니다. 게다가 수박마다 볏짚을 깔아둬서 수박 밑이 진흙 범벅이 되지 않고 골고루 잘 익었지요. 맛은 또 얼마나 기가 막히는지! 사시겠어요?"

"그래! 그래!"

아이의 열정적인 태도에 손님은 가격도 물어보지 않고 흔쾌히 대답했다. 그 손님은 무거운 수박을 들고 힘들게 집으로 가야 하는 수고조차 잊은 듯했다.

아이의 열정이 손님의 마음을 움직인 것이다.

대학을 졸업한 조지는 철강회사에 취직했다. 그는 입사한 지 한 달도 되지 않아서, 회사의 꽤 많은 광석이 충분히 제련되지 않는다는 사실을 발견했다. 그런 불량 광석이 조금씩 계속 발생하다가는 회사에 막대한 손실을 끼칠 것이 분명했다.

그래서 그는 업무를 책임지는 직원을 찾아가 그 사실을 말해주었다. 그런데 직원의 반응은 시큰둥했다.

"만약 기술적인 문제가 있다면 담당 기사가 벌써 내게 말했겠죠. 하지만 아무도 그런 얘기를 하지 않았어요. 다들 별 문제없다고 하던걸요."

하는 수 없이 조지는 담당 기사를 직접 찾아가 자신이 발견한 문제점을 말해주었다. 그러자 기사는 오히려 큰소리를 쳤다.

"우리는 세계 최고의 기술력을 자랑하오. 그런데 어떻게 그런 일이 있을 수 있겠소."

기사는 조지가 지적한 부분에는 전혀 문제가 없다고 자신만만해했다. 그러면서 속으로는 이제 막 대학을 졸업한 신출내기가 뭣도 모르면서 다른 사람의 주목이나 받으려고 하는 짓이라며 조지를 못마땅하게 생각했다.

그러나 조지는 이대로 그냥 넘어갈 수 없었다. 조지는 충분히 제련되지 않은 광석을 챙겨서 회사의 기술 총책임자를 찾아갔다.

"기사님, 이걸 보세요. 저는 이게 충분히 제련되지 않았다고 생각하는데 기사님이 보시기에는 어떠세요?"

총책임자는 광석을 자세히 살펴보더니 이렇게 말했다.

"젊은이 말이 맞네. 어디서 난 광석인가?"

그러자 조지가 대답했다.

"우리 회사에서요."

"어떻게 이런 일이! 우리 회사 기술은 최고 수준인데, 어찌 이런 문제가 생길 수 있지?"

그는 몹시 의아해했다.

"기사분도 그렇게 말씀하셨지요. 하지만 이게 사실인걸요."

"아무래도 뭔가 문제가 있나 보군. 그런데 왜 내게 보고하는 사람이 없지?"

조금 언짢아진 총책임자는 곧바로 담당 기사들을 모두 작업장으로 불러 모았다. 과연 조지의 말대로 작업장에는 충분히 제련되지 않은 광석들이 꽤 있었다. 알고 보니 모니터링 기계

의 부품에 문제가 생겨서 불량 광석을 걸러내지 못한 탓이었
다.

　이 일을 보고받은 회장은 조지의 노고를 격려했고, 그를 기
술 감독 기사로 승진시켰다. 그 자리에서 회장은 다소 격양되
어 말했다.

　"우리에게 부족한 것은 기술자가 아니라, 열정적으로 회사
의 이익에 관심을 가져주는 기술자다. 이렇게 기사들이 많은
데 그깟 문제점 하나 발견하지 못하다니. 게다가 문제점을 제
기한 사람의 말은 귓등으로 듣고 무시했다. 도대체 당신들의
책임감과 열정은 어디로 갔는가? 기업에 필요한 것은 인재지
만, 그보다 더 필요한 것은 회사나 일에 대한 열정이다."

　누가 뭐라 해도 열정이란, 일을 해나가는 데 필요한 원동력
이다. 어떤 일이든 열정적으로 임하면 우리의 전진을 막기는
어렵다. 인생의 가장 큰 실패는 보잘것없는 성과가 아니라 평
범한 것을 당연하다고 여기는 데 있다. 아무리 평범한 일을 하
더라도 꾸준히 열정을 가지고 임한다면, 작은 물방울들이 오
랜 세월을 거쳐 바위를 뚫는 것처럼 못해낼 일이 없으며, 오래
도록 특별함을 만들어나갈 수 있다. 기업에서는 바로 이런 사
람을 원한다. 그러니 마음속 자신의 열정을 끌어올려라.

# + 말한 것을 실행하라

옛날에 부지런한 검은 고양이 한 마리가 있었다. 날마다 쥐를 10여 마리도 넘게 잡아대는 통에 쥐들은 고양이의 발소리만 들어도 간담이 서늘했다. 결국 불안에 떨던 쥐들은 한자리에 모여 고양이를 어떻게 처리할지를 함께 의논했다. 독약을 만들어 고양이를 유인해 먹이자는 의견도 있었고, 일제히 고양이에게 달려들어 물어 죽이자는 의견도 나왔다. 하지만 치밀하고 교활한 대장 쥐는 다른 쥐들과는 전혀 다른 방법을 제시했다.

"쥐가 고양이를 죽이는 건 불가능하다. 죽일 수 없다면 차라리 그를 피해 숨을 방법을 강구해야 한다. 우리 중에서 용감한 쥐를 한 마리 뽑아 고양이 목에 몰래 방울을 달게 하자. 그러면 고양이가 움직일 때마다 소리가 날 테니 우리는 재빨리 숨을 수 있지 않겠느냐."

모든 쥐는 그게 가장 좋은 방법이라고 생각했다. 그러나 불행히도 그 방법을 실행에 옮기지 못했다. 아무리 많은 상과 명예를 준다고 해도 고양이 목에 방울을 달겠다고 용감하게 나서는 쥐가 한 마리도 없었기 때문이다.

이 이야기는 아무리 좋은 방법이 있다 한들 이를 추진할 능력이 없으면 그저 공상에 불과하다는 사실을 우리에게 말해준다. 기업도 마찬가지로, 관리자가 어떤 결정을 해도 그것이 현실에서 크게 벗어나 실행할 방법이 없다면 결국 아무 짝에 쓸모가 없다. 그러므로 직원들이 관리자의 결정을 그대로 추진하기 전에, 관리자부터 기업의 실정에 맞는 현실적인 결정을 내리고 실제로도 추진할 수 있는지를 보증해야 한다.

일본의 한 전기회사 연구개발부의 장 부장은 새 전지의 연구개발에 관한 이사회에 참고인 자격으로 참석해달라는 통보를 받았다. 그날 이사회에서는 몇몇 고위 관리들의 의견이 분분하여 회의가 너무 길어졌다. 이를 보다 못한 회장은 이름도 낯선 미국의 한 회사와 합작하여 그 회사의 기술을 받아들이기로 대강 결정해 버렸다. 그리고 일 년 반 뒤에 새로운 전지를 출시한다는 조건으로 300만 달러의 특허비용을 지불하기로 했다. 회의를 지켜보던 장 부장은 도저히 그 결정에 동의할 수 없었다. 그는 속으로 그렇게 터무니없이 비싼 기술은 없을 것이라고 생각했다. 그러나 장 부장에게는 발언권이 없어서 이의를 제기할 수 없었고, 결국 회의는 그렇게 끝이 났다. 장 부장은 생각하면 할수록 너무 안타까웠다. 분명히 시간을 단

축할 수 있는데도 눈먼 회사 돈 300만 달러를 쓰면서 일 년 반씩이나 걸려 새 전지를 만들 수는 없는 노릇이었다. 장 부장은 그날 이런저런 생각을 하느라 밤을 꼴딱 샜다.

다음날 이른 아침, 결국 장 부장은 서둘러 회장을 만나러 갔다. 그런데 비서가 말하길, 회장이 회의 직후 곧바로 유럽 출장을 갔으며 10여 일이 지난 뒤에야 돌아올 수 있다고 했다. 한시가 급한데 어찌 열흘 넘게 기다리란 말인가! 다급해진 장 부장은 비서에게 특별히 부탁하여 회장과 전화통화를 할 수 있었다. 통화 중에 장 부장은 자신에게 9개월의 시간과 100만 달러의 예산만 주면 그만한 연구를 끝낼 테니 다시 한 번 재고해주길 바란다고 말했다.

회장은 장 부장이라는 사람이 아무것도 모르면서 다짜고짜 국제전화까지 걸지는 않았을 것이라고 생각했다. 더군다나 장 부장의 말대로 연구에 성공하면 회사도 큰 이득을 볼 것이 분명했다. 그래서 회장은 장 부장의 건의를 받아들여 미국 회사와의 합작을 연기시켰다. 장 부사장은 회장의 신뢰를 바탕으로 더욱 열심히 연구에 매진했고, 그 결과 9개월이 지나기도 전에 새로운 전지 개발을 순조롭게 마무리하여 회사에 큰 공을 세웠다.

1년 후, 회장은 장 부장을 이사로 추천했다. 장 부장에게 발언권을 줌으로써 회장인 자신이 다시는 잘못된 결정을 내리는 상황이 발생하는 것을 막기 위해서였다.

여기서 한 가지 분명한 것은, 추진력이 부족하면 기회를 놓치거나 많은 계획을 물거품으로 만들어 버릴 수도 있다는 사실이다. 추진력은 기업의 발전을 이끄는 보조 추진 장치라 할 수 있다. 그만큼 기업에는 추진력 있는 사람이 꼭 필요하다.

패튼 장군은 추진력을 매우 중요하게 생각했다. 그는 항상 사람을 뽑을 때 그 사람의 추진력이 얼마나 되는지부터 꼼꼼하게 체크했다. 한 번은 그가 면접 지원자들을 한곳에 모이게 한 후 이렇게 말했다.

"제군들은 들어라. 지금 내가 창고 뒤쪽에 참호를 파려고 한다. 길이는 8피트, 넓이는 3피트, 깊이는 6피트(1피트는 약 30.48센티미터 정도 됨—옮긴이) 되는 참호를 파라."

그런 후에 패튼 장군은 지원자들을 커다란 창고로 데리고 가서 도구들을 보여준 뒤, 아무 말도 하지 않고 그곳을 빠져나왔다. 그러고는 창문 뒤에 숨어 지원자들의 행동을 살펴보기로 했다.

패튼 장군이 자리를 뜨자, 지원자들은 삽과 괭이를 창고 뒤쪽 땅바닥에 팽개치고는 얼마간 쉬었다. 잠시 후, 이렇게 얕은 참호를 파느라 고생해야 하는 이유에 대해 이러쿵저러쿵 떠들어 대기 시작했다. 어떤 지원자는 6피트 깊이의 참호는 화포 벙커로는 부족하다고 말했다. 또 어떤 지원자는 이런 참호가 너무 덥거나 추워서 싫다고 했다. 또 어떤 군관 지원자는 군관들이 이처럼 평범한 일을 하지는 않는다며 명령을 내린 패튼 장군을 원망했다. 그런데 마지막에 어떤 한 지원자가 이렇게 말했다.

"일단 참호를 판 후에 여길 떠납시다. 그 늙은 짐승이 이것으로 뭘 할 건지는 상관없잖소."

면접 결과, 패튼 장군은 자신을 '늙은 짐승'이라고 욕한 지원자를 뽑았다. 그 이유는 바로 그 사람만이 아무 핑계도 대지 않고 주어진 일을 추진해나갔기 때문이다.

당신이 기업의 모든 발전 상황이나 계획을 다 이해할 수는 없다. 그러므로 기업이 당신에게 준 임무에 대해 지나치게 따지지 마라. 설령 궁금한 점이 많아도 일단은 그 임무를 완성하겠다는 각오부터 다져야 기업의 프로젝트를 제대로 추진할 수 있다. 주어진 임무에 대한 강력한 추진력은 그 회사에 대한 자신의 충성도를 대표하는 것과 결코 무관하지 않다. 회사는 그런 직원을 원하고 신뢰한다. 회사의 신뢰를 얻으면 당신에게 성공할 기회가 많이 찾아온다.

자기가 서고자 하면 남을 세우고, 자기가 도달하고 싶으면 남을 도달하게 하라
(己慾立而立人, 己欲達而達人)

# CHAPTER

# 06

자신을 업그레이드하여
장점에 힘을 보태라

# + 좋은 이미지를 만들어라

　'사람을 외모로 판단하지 마라'는 말은 누구나 들어보았을 것이다. 그렇지만 실제로 우리는 늘 외모로 사람을 판단한다. 외모로 누군가를 평가하는 일이 얼마나 천박하고 어리석은지 알면서도 우리는 시시때때로 옷, 머리모양, 손동작, 말투, 언어 등으로 남을 판단한다. 그리고 원하든 원치 않든 사람들의 머릿속에는 외모가 가장 깊은 인상을 남긴다. 그렇게 남겨진 인상은 승진이나 회사 매출에도 큰 영향을 미친다. 그래서 우리는 자신의 이미지를 중시하지 않을 수 없다.

　영국의 유명한 스타일 컨설팅 회사인 CMB는 세계적으로 유명한 금융회사 CEO 300명을 대상으로 연구를 진행한 바 있다. 조사 결과에 따르면 회사에서 지위가 높은 사람일수록 자신의 이미지가 성공의 관건이라 여기는 경향이 많았다. 그래서인지 그들은 누구보다도 자기 이미지 관리에 힘쓰고 있었다.

　2002년 9월에 BBC 방송국에서는 영국 야당의 총수 던컨 스미스(Duncan Smith)를 인터뷰했다. 그런데 던컨은 인터뷰 내내 수줍어하며 어정쩡한 태도를 보였다. 그는 당시 영국 수

상인 토니 블레어 수상과 그 정당의 정책에 대해 비판하면서
도 틀에 박힌 말들만 내뱉으며 대중에게 아무런 확신을 심어
주지 못했다.

기자가 물었다.

"차기 수상이 될 수 있으리라 생각하십니까?"

그러자 던컨은 머뭇거리면서 기자와 눈도 마주치지 못하다
가 자신 없는 말투로 이렇게 말했다.

"네, 그렇습니다. 하지만 많은 노력이 필요하겠지요."

몇 분 뒤, 방송국에는 시청자들의 불만 섞인 이메일과 전화
가 빗발쳤다.

"본인조차도 수상이 될 수 있을지를 확신하지 못하는데, 어
떻게 우리가 그를 믿겠는가?"

"아무래도 저 사람은 근본적으로 수상 자격이 없는 것 같다."

"보수당은 새로운 당수를 선택하는 편이 낫겠다."

사실 던컨의 전임이었던 윌리엄 헤이그도 유권자들에게 좋
은 인상을 심어주지 못해 2001년에 결국 사임했다. 당시 30
대였던 윌리엄은 마치 노년에 접어든 사람처럼 활력이 없었고
중년의 예리함은 찾아볼 수 없었다. 그런 탓에 그는 유권자들
로부터 '애늙은이'라는 별명도 얻었다. 반면에 당시 수상이자
노동당 주석이었던 토니 블레어는 항상 밝은 표정을 지으며

한눈에 봐도 훌륭한 지도자감임을 보여주었다. 보수당의 두 당수는 이미지 때문에 수상 선거에서 연달아 패했다.

그렇다면 자신의 이미지를 어떻게 바꿀 수 있을까? 아래의 방법들을 참고해서 자아를 형상화하고, 꿈에 그리던 자신의 이미지를 만들어나가길 바란다.

### 방법 1. 목표를 세워라.

목표 수립은 자신의 이미지를 형성하는 제일 첫 걸음이다. 날마다 노력해야 할 목표가 하나씩 있어야 한다. 이는 또한 인생 발전의 최종 목표이기도 하다. 일단 큰 목표가 정해지면 꾸물거리지 말고 반드시 지키도록 노력하라. 자신의 생각에 맞게 수시로 방법을 바꿔도 되지만, 원대한 인생목표는 잠시도 잊어서는 안 된다.

### 방법 2. 끊임없이 도전하라.

새로운 일에 끊임없이 도전하면서 자신을 격려하라. 그렇다고 잠시 잠깐 쉬는 것까지 지나치게 경계하지 마라. 편안한 휴식공간은 잠시 쉬어가는 대피소일 뿐, 영원한 안식처는 아니다. 단지 에너지를 보충하는 무대이므로 다음 도전을 위해 긴장도 풀고 힘을 키워두면 좋다.

### 방법 3. 마음이 모든 것을 결정한다.

마음이 즐거우면 사람의 몸에도 놀라운 변화가 생기고, 그런 변화 때문에 새로운 활력과 힘이 생긴다. 하지만 마음이 자기 안에 있는데, 무조건 밖에서만 즐거움을 찾으려고 하면 안된다. 당신을 행복하게 해주는 것은 결코 멀리 있는 것이 아니라 자기 안에 있다.

### 방법 4. 원대한 꿈을 가져라.

너무 낮거나 애매모호한 목표 때문에 승부욕이 생기질 않아서 오히려 목표를 이루지 못하는 경우가 많다. 당신의 목표가 자신을 충분히 자극하지 못한다면, 목표 실현은 기약 없이 아득해질 것이다. 자신을 격려하며 전진하고 싶다면 구체적이면서도 원대한 꿈을 세워라.

### 방법 5. 위기의식을 가져라.

누구나 편안한 삶을 꿈꾸고 무사태평하기만을 바란다. 하지만 그런 마음가짐으로 시간을 보내면 최적의 학습시기를 놓칠 수가 있다. 그래서 필요하다면 자신을 채찍질할 줄도 알아야 한다. 당신에게 겨우 몇 년의 시간밖에 남지 않았다고 상상해 보라. 그럼 어떻게 살 것인가? 적절한 긴장감은 자아 형성의 필수 단계이다.

### 방법 6. 친구를 가려서 사귀어라.

당신의 목표를 지지하지 않는 친구는 경계하고 멀리하라. 친구가 당신의 삶을 바꾸기도 한다. 나의 행복과 성공을 바라는 친구를 사귀는 것은 그런 인생을 살아가는 데 가장 중요한 단계다. 삶의 열정은 전염성이 있다. 자신과 함께 즐거울 수 있는 사람을 친구로 사귀면 더 많은 삶의 희망을 볼 수 있다.

### 방법 7. 기꺼이 도전을 맞이하라.

두렵다고 피하기만 한다면, 공포는 마치 미친개처럼 우리를 끝까지 쫓아올 것이다. 하지만 두려움을 이겨내면 더 큰 안전감과 유익함을 얻을 수 있다. 당신이 극복한 것은 작은 두려움이지만, 그로 인해 생기는 자신감과 삶을 창조하는 능력은 대단히 클 것이다.

### 방법 8. 시의적절하게 계획을 수정하라.

목표를 실현하기 위한 길은 출렁이는 파도처럼 올라갈 때도 있고 내려갈 때도 있다. 그러므로 당장 컨디션이 나쁘지 않더라도 스스로 한 박자 쉬어갈 수 있는 시간을 마련해서 계획을 적당히 조절해주는 것이 현명한 행동이다. 사업이 최고봉에 있을 때에도 마찬가지다. 냉정하게 자신을 돌이켜 볼 수 있는 시간이 필요하기 때문이다. 아무리 일이 좋더라도 그렇게 해야 한다. 그래야 열정을 가지고 새로운 일에 집중할 수 있다.

### 방법 9. 시련을 즐겨라.

문제가 있으면 해결방법도 있기 마련인데, 문제나 해결방법 둘 다 없어서는 안 되는 요소다. 정신적인 일을 하는 사람에게 닥치는 시련이란 마치 운동선수의 시합과 같다. 진정한 운동선수라면 항상 시합하기를 원한다. 시련이 자신에게 내린 저주라고 생각한다면 삶을 살아갈 에너지를 찾기 어렵다. 시련이 가져다주는 기회를 잘 잡으면 오히려 자연스럽게 강력한 힘을 발산할 것이다.

### 방법 10. 첫 느낌

사람들은 대개 목표에 도달하고 나면 심신이 홀가분하리라 생각한다. 그러나 문제는 완벽하게 목표에 도달하는 사람이 별로 없다는 것이다. 자신이 해내지 않은 일에서 즐거움을 찾는 것은 목표에 도달해가는 과정에서 느끼는 행복을 빼앗는 것과 같다. 즐거움은 태어날 때부터 가지는 권리다. 마지막 성공의 순간까지 즐거움을 미루지 말고, 자아를 만들어나가는 과정 하나하나에서 즐거움을 느껴라.

### 방법 11. 예행연습을 하라.

예행연습을 하는 것은 가만히 머릿속으로 상상하는 것보다 훨씬 더 복잡하다. 만약 당신에게 아주 골치 아픈 일거리가 있어서 잠시 망설이고 있다면, 그보다 더 어려운 일을 골라 시험 삼아 해보는 것이 좋다. 도전적인 일에 온전히 자기 자신을 내던져보라. 그러면 성공의 길을 스스로 찾을 수 있다.

### 방법 12. 현재를 살자.

현재의 중요성을 알면 지금 당장 행동으로 옮길 수 있다. 현재를 정확하게 인식하고 있으면 절대로 바꿀 수 없는 과거에 빠져 허우적거리지 않을 수 있다. 오지도 않은 먼 미래만 바라보지 말고 바로 지금 이 순간을 보라. 당연히 시간이 가장 중요하다. 목표를 계획하고 세울 시간을 가져라. 그래서 모든 준비가 끝났다면 착실하고 진지하게 그 일을 수행해 나가라. 피곤하더라도 참고 열심히 일하면서 눈앞의 일을 제대로 파악해야 한다. 세상 모든 일은 추측이 불가능하므로, 지금의 삶에 모든 것을 집중시켜라.

### 방법 13. 용감하게 경쟁하라.

객관적으로 보면 경쟁은 성공하든 실패하든 우리에게 귀중한 경험이다. 세상은 뛰는 놈 위에 나는 놈이 있고 한 산을 넘으면 더 높은 산이 있기 마련이므로, 아무리 재능이 뛰어난 사람이라 해도 자신을 낮추고 겸손할 줄 알아야 한다. 좀 더 나은 사람이 되기 위해 최선을 다하면 경쟁에서 승리를 얻는 데 아주 유리하다. 세상 어디를 가든지 치열한 경쟁은 존재하므로, 우리는 경쟁 과정에서 투지를 불태워야 한다. 우리가 명백히 알아둬야 할 것은 다른 사람을 뛰어넘는 것은 간단하지만 자신을 뛰어넘는 것은 오히려 어렵다는 점이다. 여기서 다음과 같은 생활 속 진리가 하나 떠오른다. '자신에게 엄격하면 삶은 그를 더욱 이해해주고 너그러워질 것이다. 이와 반대로 자신에게 한없이 너그러운 사람은 삶이 그에게 더욱 가혹할 것이다.'

### 방법 14. 스스로 반성하라.

절대다수의 사람들은 자신에 대한 타인의 주관적인 인상과 느낌을 통해 자기 자신을 인식한다. 물론 다른 사람이 나를 어떻게 평가하는지는 알고 있어야 한다. 자신에게는 좋은 정보이자 피드백이기 때문이다. 그러나 다른 사람의 일방적인 평가 때문에 내 이미지를 완전히 바꿔버릴 수는 없다. 그것은 지나치게 자신을 구속하는 것이다. 인생이라는 바둑은 자신이 직접 두어야 한다. 중요한 것과 중요하지 않은 것을 구분하지 못하고 남의 것에서 내 것을 찾으면 안 된다. 항상 스스로 반성하며 진지하게 생각하면서 자신의 문제점을 고쳐나가라. 또한 분석력을 키우고 내재된 자아를 새롭게 만들어라.

### 방법 15. 실수를 두려워하지 마라.

실수는 결코 두려워할 일이 아니다. 실수를 하지 않는다는 것은 아무것도 하지 않는다는 말이다. 우리가 어떤 일을 하지 않으려는 것은 대부분 자신이 없기 때문이다. 하지만 모든 일에는 제일 처음이 있기 마련이다. 자신 없는 일이라도 최선을 다해 그 일을 해내라. 설령 실패해도 그때의 경험과 교훈이 우리의 앞날에 성공을 가져다주는 귀중한 재산이 될 것이다.

　이런 방법들을 항상 머릿속에 넣어두면 우리의 말과 행동이 무의식중에 변화될 것이다. 그래서 자신감과 활력이 넘치며 사람을 끄는 매력을 발산할 수 있다. 마치 옷으로 몸을 치장하듯 형체가 없는 매력으로 사람들에게 깊은 인상을 심어주고 사람들의 신뢰를 얻을 수 있다. 아주 조금씩 좋은 이미지를 만드는 요소들을 모아두면, 막상 중요한 때에 크게 신경 쓰지 않아도 당신의 삶에 좋은 변화가 일어날 것이다.

# + 날마다 조금씩 발전하라

누구나 성공을 꿈꾸지만, 그것이 갑자기 하늘에서 툭 하고 떨어지지는 않는다. 남보다 더 강해지고 싶고 남보다 더 많이 갖고 싶다면, 남보다 더 노력하는 수밖에 없다. 하늘을 찌를 듯이 높은 금자탑도 작은 돌 하나를 쌓는 것부터 시작된다. '한 발을 내딛지 않으면 천 리를 갈 수 없다'는 말처럼 성공은 날마다 아주 조금씩 이루어진다. 그러므로 별거 아니라고 얕잡아보지 말고, 매일 조금씩이라도 성장하라. 그것은 성공적인 사업의 토대이자 세상에 우뚝 설 수 있는 발판이자 인생의 디딤돌이 될 것이다.

라울이 맨 처음 일을 시작할 때 계약서에는 '5년간 매주 7달러의 보수를 받으며, 5년 동안 급여가 인상되지 않는다'는 조건이 명시되어 있었다.

라울은 그처럼 보잘것없는 돈만 믿고는 제 힘으로 세상에 우뚝 서기 어려울 것으로 생각했다. 그래서 남보다 조금 더 노력해서 자신의 일만큼은 완벽하게 해내겠다고 다짐했다. 그런 다짐과 노력 덕분에 라울은 뛰어난 업무 능력을 보이며 단기간에 상사의 주목을 받았다.

또한 라울은 기회가 있을 때마다 각종 업무 기술을 배웠다. 그러다 보니 3년 후부터는 업무 처리가 아주 능숙해졌고, 여러 복잡한 문제들도 식은 죽 먹기로 해결했다. 하지만 그럼에도 라울은 여전히 처음 계약한 대로 매주 7달러의 주급을 받았다. 회사 동료들은 라울이 그런 푼돈을 받고도 열심히 일하는 건 참으로 어리석은 짓이라고 생각했다.

그 무렵 라울은 또 다른 회사로부터 5,000달러의 연봉을 줄 테니 대외업무를 맡아달라는 스카우트 제의를 받았다. 회사 동료들은 이처럼 파격적인 제안을 라울이 안 받아들일 이유가 없다고 생각했다. 그러나 라울은 조금의 망설임도 없이 그 제의를 거절했다. 그뿐만 아니라 그런 일이 있었다는 사실을 사장에게도 내색하지 않았다.

5년간의 계약기간이 끝나갈 무렵에도 라울은 묵묵히 일만 했다. 그렇지만 누가 보더라도 그의 월급이 턱없이 낮다는 사실은 명백했다.

드디어 계약기간이 끝나자, 사람들은 라울이 당연히 이 회사를 떠날 것이라고 생각했다. 그러나 이번에는 사장이 라울에게 선택의 기회조차 주지 않았다. 사장은 그에게 매주 7달러에서 대폭 인상된 1만 달러의 연봉을 제시하며 재계약 의사를 밝혔기 때문이다.

훗날 라울은 그 회사의 이사회 임원까지 승진했다.

최선을 다하면 어떤 일을 하든지 배울 점이 있으며 큰 이득을 얻을 수 있다. 일을 배우고 재능을 쌓으면서 조금씩 성장해 나가라.

모 기업에 다니는 어떤 직원은 부모님이 일을 일찍 그만두신 탓에 생활이 무척 어려웠다. 그는 고등학교를 졸업한 후, 등록금 부담 때문에 대학을 포기하고 곧바로 회사에 들어와 평범한 월급쟁이 생활을 시작했다. 그러나 그는 1원의 돈을 받는다고 1원어치의 일만 하는 그저 그런 월급쟁이는 되고 싶지 않았다. 그래서 자신이 맡은 일만큼은 적어도 날마다 조금씩 상황을 호전시키려고 노력했다. 그러던 어느 날 그는 수입품 명세서를 검토하는 팀장을 지켜보다가, 명세서가 모두 프랑스어나 독일어로 되어 있다는 점에 주목했다. 그날 이후 그는 매일 아침 출근길에 명세서나 비즈니스와 관련된 프랑스어와 독일어를 배우기 시작했다.

또한 그는 팀장이 바쁠 때마다 주동적으로 나서서 팀장의 일을 도왔다. 그가 팀장의 업무를 능숙하게 해내자, 어느 순간부터는 명세서를 검토하는 일이 자연스레 그의 업무가 되었다.

두 달 정도 지났을 무렵, 그는 뜻밖에도 회사 원로급 부서장의 호출을 받았다.

"난 이 회사에서 일한 지 벌써 30년째라네. 그동안 쭉 지켜봤는데, 직원 중에서 맡은 업무에 충실하고 조금씩 발전해 나가는 사람은 자네뿐이더군. 회사 창립 이래 지금까지 난 줄곧 대외무역업무를 담당하면서 내 밑에서 일할 사람을 물색했었지. 이쪽 일은 너무나 광범위하고 번거로운 일이 많아. 게다가 다양한 지식도 필요로 하고 업무 적응 능력도 특별히 요구되지. 우리는 여러모로 자네가 그 자리에 아주 적합하다고 생각해. 우리의 선택이 틀림없다고 믿네."

그렇게 하여 그는 순조롭게 승진할 수 있었다.

날마다 조금씩이라도 발전하는 것은 성공한 미래를 조금씩 준비하는 것과 같다. 사람은 태어나서 눈을 뜨는 그 순간부터 배워야 할 것은 배우고 알아야 할 것은 알아 나가야 한다. 평상시 아주 작고 사소한 것부터 조금씩 발전해 나가자.

**첫째**, 그날 처리한 일은 그날 정리하라. 가장 좋은 방법은 업무 일지를 쓰는 것이다. 그날 한 일은 무엇인지, 또 무슨 문제점이 있었는지를 기록으로 남기고, 이후에 찾아보면 좋다.

**둘째**, 내일 해야 할 주요 업무를 미리 체크하라. 중요도에 따라 업무 리스트를 작성한 뒤, 다음날 업무 효율이 가장 높은 시간에 그 일을 처리하라.

셋째, 그날 있었던 실수들을 떠올리며 또다시 그런 일이 없도록 주의하라. 실수가 나쁜 것이 아니다. 똑같은 실수를 반복하는 것이 어리석고 나쁜 것이다.

넷째, 업무의 질을 높이고 효과적으로 일할 방법을 고민하라. 하루에 단 1%의 효율만 높여도 1년 365일이면 엄청난 효율을 기대할 수 있다.

다섯째, 유용한 인터넷 사이트나 신문을 훑어보고 수시로 업계 동태를 파악하라. 문을 닫고 수레를 만드는 사람처럼 자기 주관에 갇혀 현실을 등한시해서는 안 된다. 남들은 무엇을 하고 있는지, 그리고 그것이 시사하는 바가 무엇인지를 알고 있어야 한다.

여섯째, 당신은 회사 내 모든 동료를 알고 있는가? 이름과 몇 가지 특징쯤은 기억하고 있어야 한다.

일곱째, 자기 책상을 깨끗이 정리하라. 하루의 업무를 끝낸 뒤 자신의 책상을 깔끔하고 청결하게 정리해두면, 다음날 산만해서 일에 집중하지 못하는 일은 없을 것이다.

우리가 사는 시대는 유능하고 전문적인 우수 인재를 필요로 한다. 하지만 그런 인재는 언제나 부족하다. 만약 핵심적인 기술을 가진 유능한 인재가 다른 가치 있는 기술까지 겸비하고 있다면, 수많은 기업과 조직들이 그를 경쟁적으로 모셔가려고 할 것이다. '짐이 되는 재주란 없다'는 옛말도 있다. 가진 기술이 많으면 부자가 되는 길도 여러 가지다. 어쩌면 자신도 모르는 사이에 뜻밖의 성공을 거둘지도 모른다.

캐딜락 한 대가 중국 스좌장(石家莊) 방향에서 톨게이트로 서서히 진입하자, 매표원인 천밍(陳明)은 요금을 받기 위해 얼굴을 내밀었다. 잠시 후 운전자 측 창문이 내려지기에 천밍은 별생각 없이 차 안을 들여다보았다. 차 안에는 운전자를 포함해서 4명이 타 있었다. 천밍은 업무적인 웃음을 지으며 기사에게 말했다.

"안녕하세요!"

그러자 운전기사는 서투른 중국어로 "안녕하세요." 하더니 차 안에 탄 사람들과 한국말로 대화를 주고받았다. 그래서 천밍은 차 안에 탄 사람들이 모두 한국인이라는 사실을 알아차렸다. 그런데 잠시 후 운전기사가 웃으면서 천밍에게 말을 걸었다.

"실례지만 친황다오(秦皇島)에 어…어떻게 가나요?"

천밍은 도로지도를 건네주며 친절하고 자세하게 길을 안내해주었다. 하지만 한국인 기사는 그의 말을 못 알아들은 듯했다. 그렇게 서로 답답해하는 사이, 멀리서 톨게이트 부지점장인 왕후이쥔(王慧軍)이 다가와 무슨 일이냐고 물었다. 천밍이 상황을 설명하자 그는 자기가 해결하겠다며 자동차 쪽으로 다가갔다. 그러더니 능숙한 한국어로 기사에게 또박또박 길을 설명하기 시작했다. 그제야 한국인 기사는 길을 알겠다며 환하게 웃었고, 중국어로 "감사합니다. 안녕히 계세요!"라고 말한 뒤 그곳을 떠났다.

사실 그들은 친황다오로 여행을 가던 한국인이었는데 중국어가 무척 서툴렀다. 게다가 천밍도 한국어를 전혀 알지 못했기 때문에 원활하게 소통할 수 없었다. 다행히 평소 주말마다 독학으로 한국어 공부를 해온 왕후이쥔이 이처럼 우연한 기회에 자신의 재능이 발휘할 수 있었다. 이 일로 왕훼이쥔은 여태까지 경험하지 못한 성취감을 맛보았다.

이러한 사례는 셀 수 없을 만큼 많다.

한 무역회사의 판매부장인 스미스는 회사 제품의 대외 수출을 전문적으로 책임지고 있었다. 스미스는 5년간의 실무경험을 거쳐 판매부장 자리에 올랐는데, 특히 마케팅 분야에서는 으뜸으로 꼽히는 직원이었다. 그가 대학을 다닐 때에는 컴퓨터가 아직 보편화되지 않아서, 그에게 컴퓨터란 그저 하나의 새로운 장난감에 지나지 않았다. 그런데 어느 날 스미스가 컴퓨터를 구입하여 타자 연습을 하자 어떤 동료가 그를 비웃으며 말했다.

"맙소사! 자네 정말 엉뚱하군."

"그럴지도 모르지. 그런데 한 번 꾸준히 연습해보려고."

"좋으실 대로! 행운을 빈다."

동료는 빈정거리듯 말했다.

"기다려봐. 널 놀라게 해 줄 테니."

"제발 그러길 비네."

눈 깜짝할 사이에 6개월이 지났다. 하루는 강당에서 새 프로젝트 회의가 열릴 예정이라, 스미스는 두툼한 회의 자료를 들고 비서를 찾아갔다. 하지만 그곳에는 다른 부서의 동료가 대신 앉아 있었다.

"이봐! 루니. 왜 여기 있어? 비서는 어디 갔지?"

스미스가 궁금해서 물었다.

“아! 그 사람? 그만뒀어. 그런데 왜?”

“뭐? 그만뒀다고? 그거 정말 나쁜 소식이군.”

스미스는 무척 실망해서 말했다.

“입력해야 할 자료들이 좀 있는데, 혹시 자네 타자 실력은 어떤가?”

그러자 루니는 미안해하며 말했다.

“내가 아직 컴퓨터를 잘 몰라.”

“음. 알았어.”

스미스는 급히 그곳을 빠져나왔다.

사무실로 돌아온 스미스는 몹시 당황스러워 이러지도 저러지도 못했다. 그는 자리에 앉아서 머리를 굴려보았지만 뾰족한 수가 떠오르지 않자, 하는 수 없이 자신이 직접 타이핑을 하기로 마음을 먹었다. 하룻밤을 꼬박 새어도 할 수 있을지 모르지만 다른 방법이 없었기에 서둘러 문서 입력을 시작했다. 6개월간 연습을 하긴 했어도 여전히 서툴러서, 처음에는 한 단어를 치는 데도 한참 걸렸다. 그렇지만 계속 입력하다 보니 어느 정도 속도가 붙기 시작했다. 그래서 절반 넘게 입력하는 데는 겨우 1시간밖에 걸리지 않았다. 이렇게 빨리해낼 줄은 자신도 전혀 몰랐다. 자신감이 생긴 그는 더욱 박차를 가했고, 결국 3시간 만에 모든 타이핑을 끝낼 수 있었다. 다음날 아침, 그는 아침 일찍 사무실에 도착해 직원들에게 나누어 줄 회의 자료들을 무사히 전달했다. 스미스는 별거 아니라고 생각했던 기술이 자신에게 큰 도움이 되었다는 생각에 안도의 한숨을 내쉬었다.

아무리 작은 기술이라도 어떤 중요한 시점에서는 의외의 놀라움과 기쁨을 줄 만큼 유용할 때가 있다. 특히 자신의 재능으로 기업의 가치 창조에 기여할수록 직원 중에 그를 대신할 사람은 없게 되고, 그러면 저절로 성공과 승진 기회도 훨씬 많아진다. 그러므로 평소에 무엇이든 많이 배워두고 눈여겨보며 성공을 향한 길을 닦아라.

그렇다면 일상생활에서 어떻게 그 많은 기술을 쌓아야 할까? 아래의 몇 가지를 참고하라.

첫째, 만약 어떤 창의적인 생각이나 습관을 보자마자 무척 관심이 간다면, 바로 실행에 옮기고 계속 해보도록 노력하자. 해로울 것이 전혀 없다.

둘째, 지나치게 많은 이득을 얻으려 하지 마라. '나는 지금 내가 좋아하는 일을 하고 있다. 내가 행복하면 그만이야.'라고 생각하라.

셋째, 업무와 관련된 자신의 취미나 재주는 더욱더 발전시켜라. 조만간 자신에게 유용한 장점이 될 것이다.

# + 사소한 부분에서 자신을 업그레이드하라

　사소한 부분들이 성패를 좌우하고 운명을 결정한다. 대부분의 사람들은 아주 작은 일에는 별로 신경 쓰지 않고 본체만체한다. 하지만 세심한 사람은 뭐 하나 허투루 보아 넘기지 않다가 결정적인 순간에 성공을 거머쥔다. 숲 전체를 살피는 것도 대단히 중요하지만, 나뭇가지처럼 작은 부분도 결코 소홀히 여기지 마라. 그렇지 않으면 천신만고 끝에 얻은 물건도 눈앞에서 놓쳐버리고 평생 후회하게 될지도 모른다.

　앤드루는 한 마케팅 회사의 판매부장직에 지원했는데, 연봉이 10만 달러나 되므로 누구나 탐을 내는 자리였다. 100여 명이 넘는 지원자가 몰렸지만, 누구보다도 확실한 실력을 갖춘 앤드루가 지원자들을 모두 제치고 인사 책임자와의 면접 기회를 얻었다.

　면접 당일, 앤드루는 면접 시간에 맞춰 인사 책임자를 찾아갔다. 잔뜩 긴장한 탓에 떨면서 사무실로 들어섰지만, 뜻밖에도 인사 책임자는 급한 일 때문에 자리를 비우고 없었다. 사무실을 지키고 있던 비서는 사무적인 미소를 지으며 말했다.

“앤드루 씨? 안녕하세요. 지금 담당자는 자리에 안 계십니다. 대신 이 번호로 전화 통화를 부탁하셨어요.”

그 말을 듣자마자 앤드루는 주머니 속에 들어 있던 자신의 휴대폰을 꺼냈다. 그런데 곁눈질로 보니 비서의 옆쪽 테이블 위에 회사전화가 두 대나 놓여 있었다. 그는 비서에게 물었다.

“이 전화를 사용해도 되겠습니까?”

“물론이죠.”

여 비서의 태도는 여전히 딱딱하기만 했다.

앤드루는 즉시 수화기를 들고 인사 책임자에게 전화를 걸었다. 전화를 받은 인사 책임자는 흥분된 목소리로 말했다.

“앤드루 씨인가요? 당신의 이력서를 꼼꼼히 훑어보고 나니 정말 우리에게 필요한 인재라는 확신이 들더군요. 우리 회사에 입사한 것을 환영합니다.”

전화를 끊고 나서 앤드루는 하늘을 날아갈 듯 기분이 좋았다. 그는 이렇게 좋은 소식을 여자 친구에게 제일 먼저 알려주고 싶었다. 하지만 그의 여자 친구는 한 달 전부터 말레이시아에 출장을 가있었다. 그는 휴대폰을 들고 전화번호를 누르다가 얼른 다시 전화를 끊었다. ‘국제 장거리 로밍이라 비쌀 텐데.’ 이렇게 망설이던 앤드루의 눈에 또다시 회사 전화가 보였다. ‘그렇지! 난 이제 이 회사 사람이야. 이만한 대기업에서 이

깟 전화비쯤은 아무것도 아니겠지?’ 이렇게 생각한 그는 아무렇지도 않게 회사전화로 여자 친구에게 전화를 걸었다.

“안녕, 미니. 나 앤드루야. 한 가지 좋은 소식이 있어. 인사 책임자가 그러는데…….”

그때였다. 비서 앞에 놓여 있던 또 다른 전화기의 벨이 울렸다.

“앤드루 씨. 전화받으세요.”

여 비서는 의미심장한 웃음을 지으며 수화기를 건넸다.

앤드루는 영문도 모른 채 전화를 받았는데, 인사 책임자의 목소리가 들려왔다.

“죄송합니다. 앤드루 씨. 방금 제가 한 말은 없던 것으로 해주세요. 지금 사내 통신 관리 시스템을 확인했는데, 아무래도 당신 같은 사람을 우리 회사의 입사시킬 수 없을 것 같네요. 유감입니다.”

그는 끝까지 예의를 갖추어 말했다.

“왜…왜요?”

앤드루는 어리둥절했지만 상대방은 이미 전화를 끊어버렸다.

여 비서는 안타까운 듯 고개를 내저으며 앤드루에게 말했다.

“면접 때마다 당신 같은 사람을 참 많이 봐왔어요. 그러게 사소한 것도 소홀히 생각하면 안 되지요. 아직 정식으로 입사한 것도 아닌데, 어째서 당신 휴대전화를 사용하지 않으셨나요?”

때론 아주 사소한 행동 때문에 낭패를 당할 수 있고, 그 화가 본인에게 되돌아올 수도 있다. 이와는 반대로 작은 것을 기회로 삼아 큰 성공을 이룬 예는 동서고금을 막론하고 일일이 열거할 수 없을 만큼 많다. 물론 요즘에도 흔하게 일어나는 일이다.

쉬민(徐敏)은 한 네트워크 회사의 인력자원부서 간사다. 그녀는 매일 아침 남보다 빨리 회사에 출근해서 자신의 사무실 책상부터 정리한 다음 그날의 업무를 시작했다. 그녀는 책상을 닦고 나면 어김없이 화장실에 가서 걸레를 빨았는데, 하루는 걸레를 빨다가 세면대 아래쪽에 물때가 잔뜩 끼어 있는 것을 보게 되었다. 그냥 지나칠 수 없었던 그녀는 밀걸레를 가져와 물때를 깨끗이 닦아냈다. 그러는 동안에 출근한 동료는 아무도 없었다. 그녀는 남몰래 한 선행에 왠지 모를 뿌듯함을 느꼈다.

그 후로 오랫동안 이 회사는 청소부가 따로 청소하지 않아도 늘 화장실이 깨끗했다. 하지만 직원들 중 어느 누구도 그런 사실에 관심을 가지지 않았다. 그러던 중 회장이 우연히 이 일을 알게 되었다.

그날도 쉬민은 평소와 마찬가지로 일찍 출근하여 자신의 책상을 정리한 다음, 세면대와 화장실 바닥을 깨끗이 치웠다. 그녀가 한참 열심히 청소를 하고 있는데, 그날따라 일찍 출근한 회장이 화장실로 들어오다가 그 모습을 보게 되었다. 두 사람은 서로를 멍하니 바라보다가 이내 고개를 숙였다. 생각지도 못한 상황에 당황한 회장은 괜히 바쁜 척을 하며 쉬민과 인사를 나눈 뒤 급히 사무실로 들어가 버렸다.

그 후로 아무 일 없이 1년 가까운 세월이 흘렀다. 쉬민은 선행을 계속하며 꾸준히 회사에 다녔다.

그러다가 종무식 날 그녀의 선행이 모두에게 알려졌다. 회장은 전체 직원들이 모인 자리에서 이렇게 말했다.

"다들 눈치 채지 못했습니까? 그동안 화장실 청소부가 청소하지 않아도 화장실과 세면대가 늘 깨끗했습니다. 조금만 눈여겨봐도 이상하게 생각했을 것입니다."

그러면서 회장은 그간의 쉬민의 선행을 사람들에게 말해주었다. 그리고 그녀에게 1만 위엔의 특별보너스를 주었을 뿐만 아니라, 인력자원부서의 부사장으로 승진시켰다.

작은 부분까지 관심을 가지면서 회사에 애정을 쏟은 쉬민의 성실한 마음가짐은 대기업 입장에서는 극히 사소한 부분이지만, 그녀의 애사심을 평가하기에는 충분했다. 회사 일을 자기 일처럼 세심하게 챙기는 직원을 마다할 회사가 어디 있겠는가?

　어떤 분야든 달인이 달인인 것은 다 이유가 있다. 달인들은 일반 사람들이 놓치기 쉬운 작은 부분까지 신경 써서 그 일을 해낸다. 세세한 부분까지 볼 줄 아는 습관을 기르는 일은 그만큼 자아를 업그레이드 하는 데 중요한 요소라 할 수 있다. 이러한 습관을 키우는 몇 가지 법칙을 소개한다.

　**첫째**, 지금 당장 주위를 둘러보라. 모두들 한다는 말뿐이고 정작 그것을 하는 사람이 없는 일이 내 주변에 있다면, 그 일을 자진해서 꾸준히 해보라.

　**둘째**, 자신의 일이 아닌 일에도 관심을 가져라. 다른 사람들이 하찮게 여기면서 하지 않는 일일수록 먼저 시도해보자. 다른 사람의 생각 따위는 신경 쓸 필요 없다.

　**셋째**, 분명히 최선의 방법이 아닌데도 남들이 모두 별생각 없이 그렇게 하고 있다면, 당신이 먼저 진지하게 고민해보고 누구나 인정할만한 방법을 찾아보라. 그리고 그 방식대로 계속 해나가라. 성공의 기회가 당신에게 찾아올지도 모른다

# + 시대에 발맞춰가며 평생 배워라

끊임없이 변화하는 이 시대에 사람과 사람, 기업과 기업, 국가와 국가 사이의 경쟁은 상상을 초월할 정도로 치열하다. 그런데 인생의 교차로 위에서 내가 어디에 있고 어떤 일을 하며 어느 방향을 선택해서 가는지와는 별개로, 항상 나의 여행 가방 속에 없거나 부족해서는 안 되는 유일한 짐은 바로 '배움'이다. 유명한 과학자 가오스치(高士奇)는 이렇게 말했다.

"지식은 인간의 피처럼 귀중하다. 만약 피가 부족하면 몸이 점점 허약해지듯이, 지식이 부족하면 그 사람의 머리는 고갈된다."

지식은 어린 아기에게 필요한 젖과 같다. 젖이 없으면 아기가 성장할 수 없듯이, 지식이 없으면 사람은 성숙할 수 없다.

교육이 없는 국가는 낙후되고, 배울 생각이 없는 기업은 경쟁력이 없다.

어느 뉴스 보도에 따르면, 저장성(浙江省)에 있는 한 신발산업주식회사에는 '지식은행'이라는 것이 있는데, 2,800명의 회사 직원 모두 특별 보너스로 '학습은행카드'를 받았다고 한다.

이 회사 회장의 말에 의하면, 직원들은 매번 회사 내 각종 업무와 기능 훈련에 참가하여 자신의 학습은행카드에 일정한 포인트를 쌓고 그 포인트만큼의 보상을 받는다고 한다. 누적된 포인트는 직원들의 연말 평가의 자료로도 쓰인다고 한다. 포인트가 높은 직원일수록 학습 시간이 많고 얻은 것 또한 많기 때문에 보너스도 그만큼 많이 받는다.

그런데 연말에 통계를 내어보니, 판매직 사원의 경우에 누적 포인트가 높은 사람은 포인트가 낮은 사람보다 훨씬 업무 능력이 뛰어났다. 또한 그들이 회사에 가져다주는 이윤도 다른 직원들에 비해 훨씬 많았다. 기술직 사원의 경우에도 누적 포인트가 높은 2급 기술자들이 대부분 회사의 중요 역할을 담당하고 있었다. 학습에 투자한 시간이 많은 만큼 능력도 뛰어남을 의미했다.

회사는 이 같은 정책이 직원 개인의 실력 향상뿐만 아니라 회사 자체의 경쟁력도 높여주었다는 점을 절감하고, 그 후로도 계속해서 이 정책을 유지해 나갔다.


'학문은 물을 거슬러 올라가는 배와 같아서, 나아가지 않으면 퇴보한다(學問如逆水行舟 不進則退)'는 말이 있다. 특히나 요즘 같은 사회에는 무엇이든 배워서 실력을 키우지 않으면 발전할 수 없을 뿐만 아니라 심지어 퇴보한다. 뒤로 처지지 않고 제자리에 머물러 있어도 앞서나가는 사람들 때문에 자신이 상대적으로 뒤처지는 것이다. 시대에 발맞춰 전진하라. 끊임없이 배우고 익히면, 충분히 발전할 수 있고 쉽게 실패하지 않는 위치에 설 수 있다.

삼국시대 오나라의 대장 여몽(呂蒙)은 책을 전혀 읽지 않는 일개 무사에 불과했다. 그래서 그는 매번 손권과 당시 정세와 군대 조직 문제에 대해 논의할 때면 무슨 말을 해야 할지 난감하기만 했다. 그 때문에 조정에서는 그가 교양이라곤 눈 씻고 찾아봐도 없는 자라며 그를 비웃곤 했다. 이를 보다 못한 손권이 그에게 사람 됨됨이에 관한 책을 읽어보는 것이 어떻겠냐고 건의했다. 그는 손권의 충고를 기꺼이 받아들여 전쟁터에 나가거나 군사들을 훈련시키는 시간 외에는 밤늦도록 책을 읽었다. 한편 여몽은 무장임에도 용병술이 부족해서, 매번 거침없이 적진으로 뛰어들어 싸울 줄만 알았지 큰 손해를 보기 일쑤였다. 손권은 또다시 그에게 용병술에 관한 책도 많이 읽고 배워서 전쟁터에서 효과적으로 군사들을 지휘하라고 충고해주었다.
그렇게 여러 해가 지나고, 한 번은 노숙(魯肅)이라는 사람이 여몽의 관할 지역을 지나다가 그와 밥도 먹고 이야기를 나누려고 잠시 들렀다. 그날 여몽은 당시 삼국의 정세와 조정 인물들뿐만 아니라 적군과 아군의 전투력에 대해 분석하면서 자신의 생각을 매우 논리정연하게 말했다. 노숙은 생각지도 못한 여몽의 변화에 무척 놀라고 감탄했다.

"자넨 이제 예전에 비웃음을 사던 오나라의 아몽(阿蒙, 여몽의 어릴 적 아명—옮긴이)이 아니 올 세."

그러자 여몽은 덤덤하게 웃으면서 말했다.

"선비란 삼 일만 떨어져 있다가 만나도, 눈을 비비고 서로를 다시 봐야 하는 법이지요."

이 이야기에서 보듯이, 배움이란 케케묵은 생각을 버리고 새로운 지식을 받아들이는 노력의 과정이다.

또 이런 이야기도 있다.

한 학생이 포병학원을 막 졸업하고 포병 부대에 배치받았다. 어느 날 그는 평소처럼 일상적인 업무를 보다가 문득 포탄을 쏠 때마다 대포 옆에 한 사람씩 서 있는 것이 이상하게 여겨졌다. 하지만 당시에는 자신이 모르는 이유가 있겠지 하며 크게 신경 쓰지 않았다. 그러나 그 후로도 계속 지켜보니 포탄을 쏠 때마다 그 옆에는 항상 발사 과정과는 전혀 상관없이 사람이 멍하니 서 있었다. 도저히 궁금함을 참지 못한 그는 도서관에 가서 대포와 관련된 자료들을 모두 찾아보았고, 결국 그 이유를 알게 되었다.

원래 옛날에는 말들이 대포를 발사대까지를 끌고 왔는데, 포탄을 발사할 때 말이 놀라 날뛰는 것을 방지하기 위해서 꼭 한 사병이 말고삐를 붙잡고 서 있었다고 한다. 그러나 요즘은 기계로 대포를 이동시키기 때문에 그런 일을 할 필요가 없었다. 그는 이 같은 사실을 상관에게 보고했다. 당연히 그의 의견은 받아들여졌고, 이후부터는 대포 옆에 쓸데없이 사람을 세워두는 일은 없었다. 이처럼 작은 변화는 부대 내의 인력을 크게 절감시켜주었고, 그는 이 일로 표창까지 받았다.


어떤 위대한 과학자는 지식이란, 인류가 한 단계 한 단계 발전해 나가는 계단이라고 말했다. 그렇다면 배움은 그 계단을 올라가는 무한 에너지라고 할 수 있다. 시대와 함께 쉬지 않고 전진해 나가라. 배움에는 끝이 없다.

다음과 같이 생각하면서 배움에 임하자.

**첫째**, 배우는 것은 하나의 체계적인 과정이다. 빨리 성공하는 것과 눈앞의 이익에만 급급하지 마라. 대나무 장대를 세우면 그림자가 생기듯 그렇게 바로 효과가 나타나지는 않는다.

둘째, 지식에는 두 종류가 있다. 배움을 통해 얻어지는 명시적 지식과 숙련을 통해 암묵적 지식이 있는데, 두 가지 모두를 습득해야 한다.

셋째, 배움으로 얻어지는 결과는 그 값을 매길 수 없다.

넷째, 오랫동안 꾸준히 배워야 한다. 배우는 것은 평생의 일이며, 돈을 버는 것만큼이나 배우는 것도 가치 있게 여겨야 한다. 강한 의지를 가지고 자신의 일을 끝까지 완성해내는 사람의 수는 많지 않다. 힘이 들면 대부분은 배우기를 포기한다. 그런데 그것은 사실상 실패를 선택하는 것과 같다. 쓸데없이 바쁘게 일만 하면서 아무것도 이루지 못하는 삶을 사는 것이다. 반면에 끊임없이 무언가를 배운다면 날마다 조금씩 발전할 것이며, 기회와 성공이 한 쌍의 날개처럼 당신에게로 날아올 것이다.

다섯째, 효과적인 학습법을 파악하라. 방법이 좋으면 적은 노력으로도 많은 성과를 올릴 수 있고 학습 효율을 배가시킨다. 그래서 어떻게 배울지, 어떻게 시간분배를 해야 할지, 어떻게 핵심 지식을 자신의 것으로 만들 것인지 등 효과적이면서도 자신에게 적합한 학습법을 찾는 것이 무엇보다도 중요하다.

여섯째, 교차학습이 필요하다. 역사 공부만 열을 올리는 사람이 경제학 관련 책은 전혀 읽지 않는다면, 그는 결코 경제적인 시각으로 역사를 분석하지 못한다. 즉 동일한 문제를 두고 여러 가지 시각에서 볼 수 없다는 말이다. 사실상, 교차학습은 체계적이고 철저하게 다방면의 이치를 통달하려는 것이다.

일곱째, 오래전에 배웠던 것들은 모두 버려라. 쉬운 일은 아니지만 반드시 해야 한다. 학교를 갓 졸업한 사람은 여전히 학생의 시각에서 모든 문제를 바라보는데 그것은 옳지 않다. 예전의 낡은 생각은 철저하게 내버려야 한다. 사회도 환경도 늘 변하기 때문에 끊임없이 새로운 것을 받아들여야 발전한다. 그래야 기업의 요구에 부응하는 학습형 직원이 될 수 있다.

　광활한 이 세상에는 별의별 것이 다 존재한다. 또한 사람들은 저마다 성격과 습관을 지니고 살아간다. 그런데 좋은 습관은 편안하고 자유로운 삶을 살 수 있게 도울뿐더러, 일에서도 좋은 인연을 만나게 해 주고 자금 회전도 원활하게 해 준다. 어떤 때는 습관이 그 사람의 생각을 결정하고 운명을 좌우하기도 한다.

　독일의 작은 마을에 한 부자가 살고 있었다. 그는 죽음을 앞두고 마땅한 후계자가 없어서, 산간지역에 사는 먼 친척 앞으로 재산을 남겼다. 그 친척이라는 사람은 산에서 팬 장작을 마을에 내다 팔아 근근이 먹을거리를 장만하며 평생을 살아온 가난뱅이였다. 그런데 난데없이 부자 친척의 막대한 유산을 물려받아 순식간에 백만장자가 된 것이다.

　하지만 그는 유산을 받은 그날도 서둘러 산으로 돌아가 장작을 패야겠다는 생각뿐이었다. 집에는 당장 밥을 지을 쌀이 없다는 사실이 떠올랐기 때문이다. 그때 마침 어떤 기자가 급히 산으로 가려는 그를 붙잡고 이렇게 물었다.

"그 어마어마한 유산으로 제일 먼저 뭘 하고 싶으세요?"

그러자 새 부자 가난뱅이가 대답했다.

"더 날카로운 도끼와 건강한 당나귀, 그리고 튼튼한 마차를 사고 싶소. 그래야 나중에 장작을 패어 마을에 내다 팔기 수월할 테니까."

이처럼 습관은 누구에게나 아주 큰 영향을 미친다. 왜냐하면 장기간 몸에 배어 있기 때문에 자신도 모르는 사이에 오래도록 우리의 행동이나 효율성에 영향을 미치며 성패를 좌우한다.

수납계 직원이 필요한 어떤 슈퍼마켓에서 아주 개성 있는 모집광고를 써 붙였다. '채용 공고! 힘든 일도 마다하지 않을 각오가 되어 있고, 자기 컨트롤이 강한 남성이면 됨. 그 외에 다른 조건 없음. 매주 200달러 지급. 능력에 따라 300달러까지 지급 가능.'

그러자 수많은 청년이 그 모집광고에 관심을 가지며 슈퍼마켓으로 몰려들었다. 모든 지원자는 아주 특별한 테스트를 통과해야 했는데, 빌이라는 청년도 이력서를 제출하고 다음날 면접을 보러 오라는 통지를 받았다. 면접을 보기 위해 슈퍼마켓에 도착한 빌은 떨리는 마음으로 자기 차례를 기다렸다. 잠시 뒤 면접관이 얼굴을 내밀었다.

"혹시 글을 읽을 줄 아시나요?"

"그럼요."

"그렇다면 이 글을 큰 소리로 읽으시면 됩니다."

면접관은 빌에게 신문 한 장을 보여주었다.

"네. 면접관님."

"중간에 절대 끊지 말고 끝까지 읽어주시겠어요?"

"알겠습니다."

"좋아요. 그럼 일단 나를 따라오세요."

그러더니 면접관은 빌을 자신의 개인 사무실로 데리고 가서 빌에게 신문을 건네주고 사무실 문을 닫았다.

그런데 빌이 신문을 펼쳐 읽으려는 순간, 면접관은 자신의 애완견을 몇 마리를 사무실에 풀어놓았다. 그러자 개들은 사무실 안을 정신없이 뛰어다니기 시작했다. 어떤 개는 문 옆에, 또 어떤 개는 테이블 아래에서 뛰어다녔고, 심지어 어떤 개는 빌의 발 근처에서 왔다 갔다 돌아다녔다. 빌 이전에 면접을 본 응시자들은 이 같은 상황에서 개들에게 시선을 빼앗겨 신문을 끝까지 읽지 못했고, 그런 이유로 모두 면접에서 탈락했다. 그러나 빌은 면접관의 지시사항을 지키기 위해 주변 상황에 아랑곳하지 않고 단숨에 신문을 읽어 내려갔다.

면접관은 만족스러워하며 빌에게 물었다.

"발밑에 있는 강아지가 있는 줄 알았나요?"

"네."

"강아지가 신경 쓰였을 텐데 왜 보지 않았나요?"

"면접관님께서 중간에 멈추지 말고 끝까지 이 글을 다 읽으라고 하셨잖아요."

"한 번 약속한 일은 반드시 해내는 편입니까?"

"그럼요. 매번 그렇게 하려고 노력합니다."

면접관은 잠시 사무실을 나가 사장을 만나고 오더니 기쁜 얼굴로 빌에게 말했다.

"당신이 바로 우리가 찾던 사람이네요."

빌은 평소 습관대로 놀라운 집중력을 발휘해서 많은 경쟁상대를 이기고 수납계 직원이 될 수 있었다.


사실 습관이란 환경에 적응하는 과정이다. 그런데 좋은 환경에 적응하면 개인의 발전에 유리하지만, 아무리 열악한 환경이라도 일단 적응되어 버리면 그 속에 빠져서 벗어나기 어렵다.


한 동물학자가 밖에서 새로 잡아온 벼룩들을 커다란 실험용 컵에 넣어두고 입구를 투명한 유리로 막아놓았다. 벼룩들은 원래 튀어 오르는 습성이 있어서, 처음 컵 안에 들어갔을 때는 높이 튀어 오르느라고 정신이 없었다. 하지만 번번이 유리 뚜껑에 부딪혀 '탁' 하면서 아래로 떨어졌다. 어느 정도 시간이 지난 뒤, 동물학자는 유리 뚜껑을 다른 곳으로 치워놓았다. 하지만 유리 뚜껑 위까지 튀어 오르는 벼룩은 단 한 마리도 없었다. 본래 벼룩은 그 높이보다 훨씬 더 높이 튀어오를 수 있는 능력이 있지만, 그 컵의 환경에 적응한 뒤부터 습관처럼 굳어져 버린 것이다. 벼룩들은 이처럼 무서운 습관 때문에 컵을 탈출하지 못했다.

좋은 습관은 당신의 목표를 성취시킬 수 있지만, 나쁜 습관은 당신을 파괴할 수 있다. 자신의 현재 모습을 살펴보고 자신에게 어떤 좋은 습관과 나쁜 습관이 있는지 파악하라. 그래서 좋은 습관은 그대로 유지하고 나쁜 습관은 없애라. 양을 잃은 후에 울타리를 수리해도 결코 늦은 것은 아니다.

# + 말솜씨를 길러라

　우리가 살고 있는 21세기에는 말솜씨가 성패를 좌우할 정도로 중요한 능력이 되었다. 뛰어난 말솜씨는 다양한 분야에 몸담은 사람들의 성공 비결이 되었고, 시간이 흐를수록 많은 사람이 말솜씨를 중요하게 여기며 자신도 그쪽 재능이 있기를 원한다. 사회의 각 분야에서 유창한 말솜씨와 화려한 언변을 가진 사람들이 이를 장점으로 내세워 시대의 총아(寵兒)가 되었다.

　말의 중요성을 강조하는 말은 어디에나 있다. 비즈니스 업계에서는 '한 번 뱉은 말은 이익과 직결된다.'라는 말을 자주 한다. 또 '한마디 말이 세상을 결정한다.', '말이 입 밖으로 나가면 사두마차로도 되돌릴 수가 없다.'라는 말도 있다. 이처럼 현대사회는 얼마나 말을 잘하느냐가 그 사람의 성패나 득실에 직접적인 영향을 미친다.

　그러므로 말솜씨를 길러라. 그래야 좀 더 원만하게 일을 처리할 수 있고 누구에게나 호감을 사 순풍에 돛을 단 듯 승승장구할 것이다. 또한 이윤을 창출하고 위대한 업적을 이루게 도울 다양한 기회도 생긴다.

　미국의 과학자 프랭클린은 자서전에 이렇게 썼다.

'나는 항상 나의 말과 행동을 스스로 채찍질하며 도리에 어긋나지 않으려고 노력했다. 지켜야 할 덕목들을 리스트로 작성해서 그것을 실천하려고 애쓴 적도 있다. 처음에는 열두 가지 정도의 덕목이 리스트에 적혀 있었다. 그런데 어느 날 한 친구가 귀띔해 주길 내가 조금 교만해 보인다고 했다. 그런 태도는 내가 하는 말에 그대로 드러나서 상대방의 기분을 나쁘게 만든다고 했다. 나는 친구의 충고를 귀담아들었다. 가만히 생각해보면 그런 모습들은 앞으로의 내 사업과 개인적인 발전에 영향을 끼칠 것이 분명했다. 그래서 나는 체크 리스트 맨 마지막에 '겸손'이라는 항목을 적어놓고, 말을 할 때마다 듣는 사람의 감정을 직접적으로 상하지 않게 하려고 노력했다. 그래서 확정을 뜻하는 단어, 예를 들면 '당연히', '반드시' 등과 같은 말 대신에 '아마도', '내 생각에는' 등의 말로 돌려서 표현했다. 말과 사업의 관계는 성공과 실패의 관계 같다. 내가 말조심은커녕 다른 사람과 자주 언쟁을 벌인다면, 그들의 호의나 합작, 도움, 지지, 칭찬을 기대할 수 없을 것이다.'

프랭클린의 말처럼 사업의 성패는 단 한 번 이야기를 나누고 얻은 효과일 수 있고, 평범한 일상의 대화를 통해서 취득되는 인증서일 수도 있다.

중국 전국시대의 이름난 명의 편작(扁鵲)에게는 두 명의 형이 있었다. 두 형제 모두 의사였지만 그 명성만큼은 편작을 뛰어넘지 못했다. 하루는 위나라 문왕이 편작에게 물었다.

"너의 세 형제는 모두 의술이 뛰어난데, 그중 누가 제일 훌륭한가?"

그러자 편작이 대답했다.

"맏형이 가장 훌륭합니다. 둘째형이 그다음이고, 제가 제일 부족하지요."

문왕이 의아해하며 물었다.

"그런데 어째서 네가 가장 많이 알려진 것이냐?"

"저희 맏형은 병이 나기 전에 미리 예방치료를 합니다. 사람들은 형님이 병의 원인을 없앴다는 사실을 모르지요. 그래서 단지 제 가족들만 알고 있을 뿐 그 명성이 전해질 방법이 없었습니다. 둘째 형님은 질병 초기에 증상이 경미할 때 치료하기 때문에, 사람들은 형님이 그저 가벼운 병만 치료한다고 생각합니다. 그래서 기껏해야 근처 마을에만 조금 명성이 알려졌지요. 그 반면에 저는 주로 병세가 아주 심각한 환자들을 치료합니다. 사람들은 제가 경맥에 바늘을 꽂거나 피를 빼내고 피부에 약을 바르며 수술하는 것을 보기 때문에 제 의술이 굉장하다고 여기는 것입니다. 그래서 제 이름만 널리 알려진 것이지요."

그러자 문왕이 말했다.

"참으로 훌륭한 대답이로다!"

말재주는 타고나는 것보다는 대부분 후천적인 연습을 통해 느는 경우가 많다. 말솜씨를 키워야 할 이유가 바로 거기에 있다. 아래의 방법들은 참고할 가치가 있을 것이다.

### 방법 1. 복창법

복창법은 간단히 말하면 다른 사람의 말을 다시 한 번 말해보는 것이다. 이 방법은 교실에서 주로 많이 사용한다. 학생들에게 영상 슬라이드를 보여준 뒤에 그 영상의 줄거리 혹은 인물 간의 대화를 다시 말해보도록 시키는데, 이는 사람의 기억력, 반응력, 언어의 연관성을 훈련시키는 데 그 목적이 있다.

### 방법 2. 모방법

때때로 사람들은 아주 작은 것도 모방한다. 주로 뛰어난 사람의 행동이나 말을 흉내 내길 좋아한다. 사실 모방은 하나의 중요한 학습과정이다. 어렸을 때 아빠나 엄마, 그리고 주위 사람들을 흉내 내며 말을 배우듯이 말재주를 장점으로 가진 사람들을 모방하면 된다. 그러면 시간이 지날수록 자연스럽게 우리말 표현력도 향상된다.

### 방법 3. 묘사법

어릴 적에는 그림책에서 많은 것을 배웠다. 묘사법은 그림책을 보는 것과 유사한데, 단지 책 속의 그림이 아니라 생활 속의 풍경, 일, 사물, 사람을 보는 것이며, 그림책보다 더 잘 설명해내야 한다는 차이가 있다. 간단하게 말하면 묘사법은 당신이 보는 풍경, 일, 사물, 사람을 언어로 표현해보는 연습이다.

### 방법 4. 배역 연기법

여기서 말하는 '배역'은 연극이나 영화에서처럼 배우들이 연기하는 인물을 가리키는 말이다.

배역 연기법은 배우들의 연기를 배워 작품 속 여러 인물을 연기하는 것인데, 동작이 아닌 말로 하는 연기하면 된다.

### 방법 5. 이야기 법

'꽃을 보는 것은 쉬워도, 꽃을 그리기는 어렵다'는 말이 있다. 생동감 있게 말하는 사람의 이야기를 듣고 있으면 그 속으로 빨려 들어갈 것 같다. 심지어 이야기를 듣느라 밥을 먹거나 잠을 자는 것을 새카맣게 잊어버리는 사람도 있다. 그러나 같은 이야기를 해도 자신이 하면 전혀 딴 이야기인 것처럼 왠지 모르게 지루하고 흡인력이 사라지기도 한다. 그처럼 누구나 다 이야기를 잘하는 것은 아니며, 그것 또한 참으로 좋은 재능이다. 이야기 법을 배우는 것도 말솜씨를 키우는 좋은 방법이다.

이야기를 통해서 우리는 여러 가지 언어 능력을 훈련할 수 있다. 이야기 속에는 독백이나 인물 간의 대화, 묘사나 서술이 전부 들어 있기 때문이다.

# + 약점을 오히려 발전의 원동력으로 삼아라

이 세상에 완벽한 사람은 없다. 누구나 약점을 가지고 있지만, 자신의 약점을 직시하면 오히려 그것을 자기 발전의 원동력으로 삼을 수 있다. 남들은 무시하는 당신의 약점 속에 발전을 위한 무궁무진한 힘이 숨어 있다.

약점이 가진 힘은 의외로 크다. 여기에는 패배를 인정하지 않는 승부욕이 반드시 필요하다.

폴은 게이트볼을 무척 좋아해서 같은 시합을 즐기는 친구들을 많이 알고 있다. 그 가운데 한 친구가 어느 날 폴에게 자신의 고민을 털어놓았다.

"가만히 보니까 어떤 사람이 나를 상당히 무시하고 따돌리는 것 같아. 번번이 나와는 한팀이 되지 않으려고 하고, 내 실력이 부족하다며 불쾌하게 생각하더란 말이야. 어떤 때는 아예 대놓고 날 조롱했고, 가끔은 뒤에서 내 욕도 하는 것 같아. 한번은 시합에서 우리 팀원이 내게 좋은 각도로 공을 패스해주었는데, 내가 모서리만 스치듯이 잘 치면 이길 수 있겠더군. 그런데 그때 그 사람이 공을 칠 차례가 되었어. 그 사람 팀원이 '그쪽으로 치면 안 돼! 상대방에게 더 유리한 각도야.'라고 말하니까 대뜸 이렇게 말하지 않겠어? '괜찮아. 가깝게 보내도 돼. 저 사람은 그만한 기술이 없어.' 정말 사람 약을 바짝 올리질 뭐야. 얼마나 상처를 받았는지 몰라. 아무튼 나는 내 차례가 되면 보란 듯이 잘 치겠다고 결심했어. 하지만 모서리를 너무 두껍게 쳐버려서 공이 1미터는 더 나갔지 뭐야. 그러자 그 사람은 완전히 안하무인격으로 낄낄 웃으면서 '거봐. 내가 뭐랬어. 내가 저 사람 평소에 연습하는 꼴을 못 봤어. 만날 교대할 생각이나 한다니깐.'라고 하더군."

그는 계속해서 폴에게 말했다.

"그 일이 있은 뒤 1년이 지났어. 돌이켜 생각해보니 결국은 내 실력이 부족한 탓이더라고. 하지만 이제 그 사람도 내게 뭐라고 말 못하겠지."

폴이 물었다.

"어째서?"

"난 그날 너무 자존심도 상하고 화도 가라앉지 않더군. 그래서 나중에 그와 다시 시합을 하면 반드시 이겨주겠다고 혼자 결심했지. 이제 누가 누굴 두려워해야 하는지 한번 지켜보라고!"

여기까지 이야기를 듣던 폴은 웃음을 참지 못하며 말했다.

"아마 그 사람은 더 이상 자네에게 큰소리치거나 비웃지 못하겠지. 그런데 결과적으로 보면 그 사람이 자네에게 용기를 북돋아준 셈이야. 만약 그때 그 무례한 말이 자네의 자존심을 건드리지 않고 자네도 그냥 귓등으로 듣고 흘려버렸다면, 자네는 아마 그렇게 열심히 연습하지 않았을 테지. 그럼 얼마 전 단식 시합의 우승자도 자네가 될 수 없었을 거야. 하하."

확실히 지지 않으려는 승부욕이 폴의 발전을 가져왔다. 그는 자신의 약점을 제대로 알고 현재 상황을 변화시키기에 충분한 원동력을 가지고 있었기에 원하는 바를 이룰 수 있었다. 그만큼 우리도 자신의 약점이나 지금 맞닥뜨린 시련을 똑바로 직시하고 이를 극복하겠다는 태도를 지녀야 한다.

그린은 영국 자동차 판매회사의 마케팅 대표인데, 연말 업무 평가에서 실적이 좋지 못하다는 평가를 받고 몹시 힘들어했다. 종무식이 시작될 무렵 그는 회사 동료인 드로크와 함께 밥을 먹으면서 그동안 쌓였던 불평불만을 쏟아내기 시작했다.
"더 이상은 못 해먹겠어. 회사가 더 들들 볶기 전에 내가 먼저 그만둬야겠어."
그린은 잔뜩 화를 내며 말했다.

"너 정말 잘 생각한 거니? 너무 뜻밖인걸."

드로크는 그린이 그런 말을 하리라고는 전혀 예상하지 못했다.

"그래. 나름 신중하게 생각한 거야. 내가 그동안 얼마나 노력했니? 너도 내가 회사에 얼마나 충성했는지 봤잖아. 그런데 그 절반이라도 내게 돌아왔어?"

드로크는 잠시 가만히 있더니 이렇게 말했다.

"있잖아, 일단 내 생각대로 해보는 건 어때?"

"뭔지 말해봐."

"지금 당장 네가 회사를 그만두면, 직원들에게 너는 그저 무능력한 회사동료쯤으로만 기억될 거야. 회사 입장에서도 넌 딱히 실적이 없어 그만둔 직원일 뿐일 테고. 하지만 딱 일 년 눈감고 죽기 살기로 열심히 일을 해봐. 그러고 나서 회사를 그만둬도 늦지 않을 거야. 그러면 직원들 모두 너의 성실함과 재능을 인정해 줄 테고, 회사도 너 같은 인재를 놓치기 아까워하겠지. 그때가 되면 네 체면이 좀 더 서지 않을까?"

드로크는 상당히 분석적으로 말해주었다.

"와! 거 참 괜찮은 생각이네. 좋았어! 그럼 네 말대로 1년만 더 다녀보자."

그린은 고개를 끄덕였다.

그 후 1년 동안 그린은 열심히 노력한 덕분에 업무 실적도 수직으로 상승했다. 연말 결산회의 때 그는 특별 보너스를 받고 마케팅 부회장으로 승진까지 했다. 드로크도 그린의 성공에 진심으로 기뻐했다. 1년 전 회사를 그만두려고 했던 그린의 넋두리는 이미 잊힌 지 오래였다.

우리는 종종 자신의 장점을 찾지 못해 속상해하지만, 어떤 경우에는 자신의 약점이 장점이 되기도 한다. 그리고 시련을 만난 그때가 바로 성공으로 향하는 시작이 될 수도 있다.

이렇게 말하는 데는 이유가 있다. 시련을 겪는 것은 당신을 도와 그 문제를 해결해 줄 사람도 없고, 돈으로도 해결할 수 없다는 것을 의미한다. 그러니 마냥 괴로워하지만 말고, 차라리 시련을 극복할 방법을 찾자. 가장 좋은 것은 다른 사람에게도 유용한 해결방법을 생각하자는 것이다. 그러면 자신의 문제도 해결하고 다른 사람의 요구도 만족시키며 성공을 얻게 된다.

어떤 사람이 맥도날드에서 음료수를 사고 자동차 의자 위에 올려놓고 차를 몰았다. 그런데 갑자기 긴급한 상황이 생겨서 브레이크를 밟는 바람에 음료수가 넘어지면서 뚜껑이 벗겨져 음료를 몽땅 엎지르고 말았다. 차 안은 엉망진창이 되었고, 생돈을 써가며 차 안을 청소해야 했다.

대부분의 사람들은 이런 상황에서 욕부터 해댈지도 모른다. 그러나 그는 그렇지 않았다. 그는 다들 이런 일을 한 번쯤은 겪었으리라 생각했다. 누구나 자기 차를 깨끗하게 유지하고 싶어 할 거라고 여긴 그는 고민 끝에 간단한 물건을 하나 발명했다. 그는 얇은 플라스틱 막을 씌워 음료수가 쉽게 흘러나오지 못하게 했다. 그 사람은 이 발명으로 특허를 따내 백만장자가 되었다.

타이완에 사는 한 장애인은 갑자기 여행이 가고 싶었다. 그러나 대부분의 여행사는 그와 같은 장애인을 고객으로 모시길 꺼렸다. 그러자 그는 갑자기 이런 생각이 들었다. 타이완의 2,300만 인구 중 5%, 즉 115만 명이 장애인인데, 그들도 자신처럼 여행을 가고 싶어도 그러지 못하고 있을 것이 분명했다. 그래서 그는 115만 장애인에게 전문적인 서비스를 제공하는 여행사를 차렸는데, 예상 밖의 호황을 누렸다.

왜 그럴까? 비장애인은 장애인보다 훨씬 많지만 너무나 많은 여행사들이 그들에게만 서비스를 제공하려고 했기 때문에 경쟁이 치열할 수밖에 없다. 하지만 이 장애인 여행사는 115만 장애인들을 타깃으로 하는 유일한 여행사였다. 게다가 오랫동안 외면받았던 장애인들을 만족시키기에 충분한 시장이었다.

　한 사람의 성공이 그 사람의 약점에서부터 비롯되는 경우도 많다. 약점은 물론 성공의 지름길이 아니지만, 성공을 향해 나아가게 해주는 결정적인 원동력이 되기도 한다. 약점을 장점으로 바꿔 성공을 향해 나아가며 꿈을 실현시키고 부를 얻는 일은 결국 자신의 마음먹기에 달렸다.

학문은 물을 거슬러 올라가는 배와 같아서, 나아가지 않으면 퇴보한다
(學問如逆水行舟 不進則退)

CHAPTER

# 07

사람들 속에 어울려
자신의 장점을 빛내라

# + 남에게 베풀 줄 알아야 한다

  사람들은 저마다 잠재력을 가지고 있다. 이런 능력들을 잘 발휘하면 살아가는 데 중요한 장점이 된다. 그림 그리기를 좋아하는 사람이라면, 꾸준히 노력해서 언젠가는 사람들에게 아름다운 그림을 선사하는 훌륭한 화가가 될 것이다. 또 세세한 것에도 관심을 가지며 모든 일을 주도면밀하게 처리하는 사람이라면 관리나 재무 쪽의 일을 할 것이다. 결론적으로 말해, 사람들의 장점은 자신의 부를 창조하는 도구가 될 수 있다. 하지만 진정으로 자신의 장점을 최대한 발휘하려면, 타인을 위해 가치를 창조하고 사회에 공헌하며 남에게 베풀고 내어줄 줄 알아야 한다.

  유럽 비즈니스계에서 '큰 칼'로 불리는 마이클 트레쇼(Michael Treschow)를 모르는 사람은 없다. 그는 위기에 빠진 여러 회사를 구해냈는데, 회사 형편이 좋아지기 시작하면 그곳을 떠나 위기에 처한 또 다른 회사로 옮겼다. 그는 아무리 만회할 방법이 없는 회사라 해도 상황을 역전시킬 수 있는 사업 기회를 찾아내곤 했다. 이로 인해 그는 '적자를 흑자로 돌리는 데 뛰어난 고수'라는 격찬을 들었다.

　마이클 트레쇼는 스웨덴에서 태어나서 줄곧 그곳에서 자랐다. 그는 1943년 스웨덴의 유명한 도시 헬싱보리에서 태어나 스웨덴 룬드 기술대학을 졸업하고 물리학 석사학위를 얻었다.

　졸업 후에 트레쇼는 넥타이핀을 팔아서 처음 제 손으로 돈을 번 후로는 줄곧 판매와 관련된 일만 해나갔다. 그러다가 1975년에 그는 건축 및 채광 설비를 주로 경영하는 스웨덴의 대형 다국적 공업그룹 아트라스 콥코에 입사했다. 그는 그곳에서 22년이나 재직했고, CEO의 자리에 올라서야 회사를 그만두었다. 1990년대 경제 불황 속에 아트라스 콥코의 판매량은 4분의 1가량 감소했지만 트레쇼는 여전히 회사 이윤을 유지시켰다.

　"그는 항상 모든 사람의 기대치를 뛰어넘는 이윤을 회사에 안겨주었다."

　이처럼 눈부신 성과 덕분에 트레쇼는 영국의 〈파이낸셜타임즈〉로부터 영예로운 은장을 수여받았다.

　1997년, 트레쇼는 아트라스를 떠나서 경영상태가 나쁜 일렉트로룩스 그룹의 총재 겸 CEO가 되었다. 당시 일렉트로룩스는 세계 최대 가전제품 제조회사임에도 조직체계가 복잡하고 업무 시스템이 비효율적이었다. 취임 첫날 트레쇼는 23개 공장과 50개의 창고를 없애고 1만 2천여 명의 직원을 해고하겠다고 공언했다. 그 후 몇 년 동안 일렉트로룩스는 핵심 산업에 주력하기 위해서 총액이 210억 달러에 달하는 비핵심 자산도 매각했다.

"구조 조정은 당시 내 생활의 일부였다. 당신도 자신의 삶을 날마다 새롭게 하지 않는다면 골치 아픈 상황이 쌓이고 쌓여 더욱 심각해질 것이다."

과감하게 큰 칼을 휘두르며 발 빠르게 기업을 운영하는 트레쇼의 원칙은 '대도 마이클'이라는 명성을 전 세계에 알리며 숱한 화제를 뿌렸다. 그는 이제 유럽에서 기업 개혁에 강력한 파워를 지닌 지지자가 되었다. 또한 스웨덴 비즈니스계에 끼친 눈부신 공헌으로 2000년 6월에는 스웨덴 국왕으로부터 '국왕영예휘장'을 받았다. 5년간의 노력을 끝내고 트레쇼가 회사를 떠날 때, 일렉트로룩스는 이미 정상적인 이윤 궤도에 돌입했다. 2002년부터 트레쇼는 일렉트로룩스의 CEO를 그만두고, 에릭슨 그룹의 회장직을 새로 맡았다.

그는 패전 부대에 배치받아 전쟁 위기 속에서 명을 수행한 것이나 다름없다. 적자를 흑자로 돌리는 트레쇼의 능력과 기사회생 수법은 그의 장점을 제대로 보여주었고, 무수히 많은 후배들이 사업의 정석처럼 떠받들고 있다.

무엇이든 대가를 지불해야 비로소 보답을 받을 수 있다. 기업을 위해 혹은 타인을 위해 가치를 창조할 때, 당신의 장점은 비로소 사람들의 눈에 띌 것이고 인정받을 수 있다. 아무리 좋은 장점을 가지고 있어도 그것을 발휘하지 못하거나 단체에 공헌하는 데 인색하다면 크게 성공할 수 없다. 대가가 많을수록 수확도 많다. 기업을 위해 더 큰 가치를 창조할 수 있는 장점을 찾아서 마음껏 발휘하라. 기업을 위해 최고의 가치를 창조하면 당신도 그만큼 큰 성공을 거둘 수 있다.

구기 종목에서 '스카우터(scouter)'가 하는 일에 대해 아는가?

간단히 말하면 그들은 잠재력 있는 선수 인재들을 발탁하여 구단과 연결시켜주는 일을 한다. 지네딘 지단과 메시 모두 스카우터의 혜안 덕분에 스포츠계에서 이름을 날릴 수 있었다. 이것은 제아무리 재능과 실력을 갖춘 사람이라도 자신을 알아볼 수 있는 누군가의 혜안이 필요하다는 이야기다.

삼국시대 촉나라 대장군인 유비의 아우 관운장은 다섯 관문을 지나면서 여섯 명의 적장을 베어 죽일 만큼 용맹했다. 그러나 그런 그도 조조의 도움을 받아서야 비로소 이름을 날릴 수 있었다. 당시 황건적의 난이 일어나자, 각 지방 제후들이 한데 모여 역적 동탁(董卓)을 칠 방법을 논의했다. 동탁의 수하에 있던 대장군 화웅(華雄)은 동맹군 대장들을 이간질해서 동맹군 내부를 혼란에 빠뜨렸기 때문이다. 여기저기에 백기가 내걸렸고, 아무도 화웅을 대적할 수 없을 것이라며 두려워하기만 했다.

이런 상황을 가만히 지켜볼 수 없었던 관우는 혼자 힘으로

라도 화웅을 치겠다고 나섰다. 하지만 여러 동맹군 수령들의 눈에는 관우가 그저 유비의 휘장 아래 일개 장군일 뿐이었다. 더군다나 유비도 동맹군 내에서의 지위가 별로 높지 않았기 때문에 관우는 더욱 주목받지 못했다. 어떤 수령들은 관우에게까지 돌아갈 차례는 없다며 괜히 나서지 말라는 심한 말을 하기도 했다. 그때 한쪽 옆에서 조용히 관우를 눈여겨보던 조조가 자리에서 일어나 이렇게 말했다.

"저분이 이왕 용감하게 나섰으니, 그에게 기회를 주는 것이 어떻겠소? 어차피 지금 화웅에 대적할 자도 마땅히 없질 않습니까? 사방에 백기가 내걸리는 것보단 나을 것이요."

사람들은 결국 조조의 말대로 관우의 출격에 동의했다. 조조는 관우에게 사기를 북돋아주기 위해서 그에게 술을 데워주었다. 조조의 지원에 감격한 관우는 반드시 자신의 능력을 증명하고 싶었다. 그는 조조의 술을 곧바로 받아 마시지 않고 이렇게 말했다.

"이 술은 화웅을 치고 오면 그때 마시겠습니다."

과연 관우는 네다섯 번의 교전 끝에 화웅의 머리를 베어 들고 돌아왔다. 그때까지도 관우의 술잔은 식지 않았다고 한다. 그는 조조의 두터운 신임에 실력으로 보답한 셈이다.

자신의 장점을 잘 알고 다른 사람의 지지를 얻으면 자신의 운명도 완전히 바꿀 수 있다. 어떤 경우에는 물방울처럼 작은 은혜를 베푸는 사람만 있어도 자신의 잠재력을 충분히 발휘할 수 있다. 미국의 시인인 휘트먼의 경우도 그랬다.

휘트먼은 문학을 좋아하는 청년이었다. 그는 일하는 시간 외에는 글을 썼는데, 특히 시 쓰기에 천부적인 소질이 있었다. 당시 그가 쓴 현대시는 종전의 낡고 진부한 귀족시와는 큰 차이가 있었다. 그는 조국을 사랑했고 언제나 국가의 운명과 자신의 개인적인 경험을 연관시켜 시를 썼기에, 그의 시 행간에는 나라에 대한 충성심과 무한한 찬양의 정이 충만했다. 그렇게 쓴 시가 점점 늘어나 한데 묶어 출판할 정도의 분량이 되자, 휘트먼은 여러 신문사와 출판사의 자신의 시를 투고했다. 하지만 처음 원고를 보낸 뒤에는 4, 5개월이 넘도록 감감무소식이었다. 그의 시에 대한 편집자들의 반응은 매번 싸늘하기만 했다. 편집자들은 이렇게 정신없이 휘갈긴 듯한 시를 책으로 출판하려는 사람은 이름을 날리고 싶어 미쳐버린 사람이 분명하다고 생각했다.

그러나 휘트먼은 결코 포기하지 않고 고집스럽게 시를 써나갔다. 그는 꾸준히 자신의 시들을 신문사와 출판사에 보냈지만, 편집자는 휘트먼이라는 이름만 보고 아예 원고를 거들떠보지 않고 곧바로 난로 속에 집어던졌다. 그러다 보니 어느새 출판계에서는 '유명해지려고 안달 난 미치광이 시인' 휘트먼을 모르는 사람이 없을 지경이었다. 그러던 중에 당대 대문호인 에머슨도 그 일을 알게 되었다. 에머슨은 몹시 궁금해서 일부러 휘트먼의 시를 찾아 읽었다. 그러고는 휘트먼의 심성과 국가에 대한 애정을 그의 시를 통해 느끼고는 깊은 감명을 받았다. 에머슨은 곧장 휘트먼에게 애정 어린 격려편지를 보냈는데, 편지에는 휘트먼에게 앞으로도 꾸준히 시를 쓰면 언젠가는 미국인들의 환호를 받을 것이라고 썼다. 당대 대문호의 성원에 감정이 격해진 휘트먼은 더욱 열심히 시 창작에 전념했다.

그런데 그날 이후 에머슨이 휘트먼의 시를 높이 평가했다는 소식을 접한 출판사 중에는 그의 시집을 출간하겠다는 곳이 있었다. 우여곡절 끝에 그의 첫 번째 시집인 《풀잎》이 탄생되자, 에머슨의 말처럼 그의 시가 모든 미국 사람들의 마음을 뒤흔들어 놓았다.

사람들은 그의 시집을 사기 위해 장사진을 이루었고, 필라델피아에서는 하루 만에 3,000부의 판매부를 올리기도 했다. 한 의류 판매상은 그의 시집에 나오는 한 구절을 모자챙과 옷

깃에 박아 넣었는데, 그것이 한때 미국에서 크게 유행되기도 했다. 또한 사람들은 평소에 자주 휘트먼의 시들을 인용하곤 했다.

대문호의 격려 덕분에 휘트먼은 수많은 문학인 중에서 두각을 나타낼 수 있었고, 미국은 물론 세계적으로도 이름을 떨칠 수 있었다.

이처럼 장점은 마치 땅속 깊이 묻혀 있는 석유와 같아서 탐사능력이 있는 사람에게 발굴되어야 한다. 그렇지 못하면 영원히 땅속에 묻혀 그 진가를 발휘하지 못한다. 그런 의미에서 관우도, 휘트먼도 행운아라고 할 수 있다.

그리고 어쩌면 다음번 행운아는 당신일지도 모른다. 당신을 알아볼 백락(伯樂, 중국 주나라 사람으로 준마를 잘 알아보았음—옮긴이)을 얼른 찾아라.

　이런 광고 카피를 본 적이 있을 것이다. '모두가 좋아야 진짜로 좋은 것이다.' 이것은 어떤 기업이나 회사에 적용해도 참으로 적절한 말이다. 한 사람이 장점을 발휘하는 것은 상대적으로 쉽지만, 그 장점으로 하나의 기업이 발전하면 오랫동안 칭송이 자자할 것이다.

　베이징에 있는 시단다웨청(西單大悅城) 쇼핑센터에는 최근 휴대폰 전문점이 새로 문을 열었다. 매주 토요일과 일요일 이른 새벽이면 아직 상점 문이 열리지 않아도 문 앞에는 이미 손님들이 장사진을 치는데, 몇몇 사람들은 시계를 자주 들여다보며 조급하게 상점 문이 열리기만을 기다린다. 가게 입구 위쪽에는 사람들의 주위를 끄는 커다란 마크가 하나 그려져 있다. '한 입 베어 문 사과' 즉 애플사의 마크다. 이 브랜드하면 절대다수의 사람들이 얼마 전 세상을 떠난 애플사의 CEO 스티브 잡스를 떠올린다. 그는 세상을 변화시킨 창의적인 천재였다.

잡스는 자신의 창의력을 장점으로 내세워 개인적으로도 눈부신 성공을 거두었지만, 동시에 애플사도 크게 발전시켰다. 애플은 하루에도 백만을 헤아리는 아이폰이 팔릴 정도로 전 세계적으로 맹위를 떨치고 있다. 심지어 어린 아이들까지도 애플을 알고 있다. 비록 잡스는 이미 세상에 없지만 애플이라는 브랜드를 소비자들의 마음 깊이 심어두었으며 절대 잊히지 않을 깊은 인상을 남겼다.

잡스는 전자 제품 분야에서 어느 기업도 따라오지 못할 정도로 회사를 성장시켰다. 그의 선배이자 유명한 투자가이며 '투자의 신'이라 불리는 워런 버핏도 세계가 주목할 만한 일을 해냈다.

젊은 워런 버핏은 50만 달러를 이용해서 그 당시 미국에서 막 시작된 주식시장에 투자했다. 그러나 그 일이 자신의 인생에 기적과 같은 변화를 일으킬 줄은 아마 본인도 생각하지 못했을 것이다.

초기에는 소수의 사람들만이 워런 버핏의 투자사를 알고 있었다. 그러나 그 후 2년 동안 워런 버핏의 회사 자산은 눈덩이처럼 커졌다.

2007년 3월 1일 저녁, '투자의 신' 워런 버핏은 비밀리에 기함회사에 투자했다. 버크셔 해서웨이는 2006 재정 연도의 업적을 발표했는데, 데이터에 따르면 허리케인 덕분에 회사의 주된 경영분야인 보험에서 많은 이득을 얻어서 회사 이윤이 29.2%나 증가했고 금액도 110억 2천 달러에 달했다. 이는 2005년 같은 시기의 85억 3천 달러를 크게 웃돈다. 또한 2005년에는 5,338달러였던 주식이윤은 7,144달러로 뛰었다.

1965년부터 2006년까지 42년 동안, 버크셔가 벌어들인 자산은 연평균 증가율이 21.46%이며 누계증가는 361,156%다. 같은 시기에 스탠더드 푸어스(Standard&Poor's Index) 500지수는 회사의 연평균 증가율이 10.4%며, 누계 성장 폭은 6,479%이다. 2011년에 버핏의 재산수준은 세계 3위로, 벌어들인 자산은 500억 달러에 이른다.

버핏은 이렇게 말했다.

"나와 버크셔 해서웨이 부회장인 찰리 멍거는 주주들을 소유주이자 공동조합원이라고 여긴다. 그리고 우리 스스로는 경영 공동조합원이다. 회사 자체는 비자산적인 최종 소유주로 단지 하나의 경로일 뿐, 주주와 회사 자산이 연결시켜주면 주주가 바로 회사 자산의 진정한 소유주가 된다고 생각한다."

버핏은 자신의 장점을 이용하여, 수많은 투자회사 중에서 버크셔 해서웨이를 가장 두드러지게 했고, 세계 각국 투자회사의 본보기로 만들었다. 그는 자신의 주식 투자 방면의 우월한 장점으로 매번 버크셔 해서웨이의 실적을 높이고 남과는 비교할 수 없이 눈부신 인생을 이루었다.

우리 주위에도 무수히 많은 인재가 있겠지만, 과연 그들이 모두 자신의 장점을 발휘하고 있을까? 종종 우리는 인재가 없는 것이 아니라, 인재를 제대로 사용하지 못하는 경우가 많다. 숨은 인재들이 모두 장점을 발휘하게 만든다면 그들이 속한 단체도 빠른 시일 내에 높은 성과를 거둘 것이다.

# + 완벽하지 못한 당신, 겸손하라

'완벽한 순금은 없다'는 속담처럼 완벽한 사람도 없다. 다만 완벽에 가까워지려는 사람은 많다. 연전연승하던 전쟁의 신 아킬레스조차도 아킬레스건이라는 약점이 있다. 이처럼 누구에게나 결점이 있는데 자신을 낮추고 겸손한 사람이 되지 못할 이유는 없다. 더군다나 겸손한 사람은 사람들의 존중을 얻기 쉽고 성공하기 쉽다. 이 좋은 예를 우리 선조들 가운데서 찾아볼 수 있다.

청나라 옹정(雍正) 연간에 재주 많은 한족 강영(江永)이 추천을 받아 관직에 올랐다. 그런데 그는 황제를 알현하면서 너무 긴장한 나머지 손발은 물론이고 입술까지 덜덜 떨어서 황제의 질문에 제대로 대답하지 못했다. 결국 그는 자신의 제자인 대진(戴震)을 대신 추천했다. 대진은 스승과는 달리 황제를 뵈면서도 더할 나위 없이 차분하고 침착했다. 또한 청산유수 같은 말솜씨로 정곡을 찌르며 문제를 분석해냈다. 황제는 그의 유창한 언변을 듣고 크게 기뻐했다. 그래서 그를 조금 더 시험해보고자 이렇게 물었다.

"너와 네 스승 중 누가 더 재능이 많은가?"

"스승님이 저보다 수준이 높으시지요."

황제는 별로 수긍하지 못하겠다는 듯 물었다.

"그런데 어째서 수준이 낮은 네가 네 스승보다 대답을 잘하느냐?"

대진은 여전히 침착하게 대답했다.

"스승님은 연세 때문에 귀가 조금 어두워서 그런 것입니다. 하지만 스승님의 학문 수준은 저보다 만 배는 높을 것입니다."

황제는 그의 겸손함을 칭찬하며 그에게 한림(翰林)이란 벼슬을 내렸다.

중국의 큰 스승처럼 서양의 큰 스승도 겸손을 알았다.

위대한 과학자 뉴턴은 세계 과학사에 빛나는 위인 중 하나다. 그는 만유인력의 법칙을 발견하고, 고전역학의 기초가 된 뉴턴운동법칙을 세웠다. 그리고 빛의 분해를 진행하여 광학을 창립했다. 또한 열역학 방면에서 뉴턴의 냉각법칙을 발표했으며, 천문학에서는 반사 망원경을 만들어 행성운동의 규칙을 관찰했고, 밀물과 썰물을 과학적으로 해석했으며, 지구는 정 구형이 아니라고 예언했다. 수학방면에서도 그는 미적분학의 창시자라 할 수 있다. 엥겔스는 '영국의 상황'이라는 글에서 이처럼 위대한 뉴턴의 업적에 대해 찬사를 아끼지 않았다. 그러나 정작 뉴턴 본인은 매우 겸손했다.

뉴턴이 죽기 전에 친한 친구가 그를 찾아갔다.

"자네는 정말 우리 이 시대의 위인이야."

그는 '위인'이라는 말에 고개를 내저었다.

"그렇게 말하지 말게. 세상 사람들이 날 어떻게 생각하는지는 모르겠지만, 나는 내가 해변에서 장난치며 노는 아이에 불과하다고 생각하네. 그러다가 우연히 반짝거리는 조개 몇 개를 주었을 뿐이야. 하지만 눈앞에는 아직 내가 잘 알지 못하고 발견하지 못한 진리의 망망대해가 펼쳐져 있지."

그는 잠시 멈추었다가 계속 말했다.

"만약 내가 데카르트보다 멀리 내다보았다고 한다면, 그것은 내가 '거인'들의 어깨 위에 서 있었기 때문일 거야."

19세기 말 스웨덴의 걸출한 화학자 노벨도 평생 큰 공헌을 했지만 뉴턴만큼 겸손했다.

스웨덴의 한 출판업자는 위인전기를 출판하려고 노벨을 찾았다. 그러나 노벨은 정중히 그 제안을 거절했다.

"그렇게 가치 있고 재미있는 책은 저도 읽기 좋아하지만, 거기에 나를 포함시키지는 말아주십시오. 제가 그 정도의 명망을 얻을 만큼 대단한 사람인지도 모르겠고, 그런 과분한 평가는 싫습니다."

한번은 그의 형이 가족사를 정리하려고 노벨에게 자서전을 부탁하자 그는 이렇게 써서 보냈다.

"알프레드 버나드 노벨은 참으로 불쌍한 인생이었다. 태어나자마자 하마터면 인자한 의사 손에서 생명을 잃을 뻔했다. 그가 잘한 일은 항상 손을 깨끗하게 유지하고 다른 사람에게 해를 끼친 적이 없다는 것이며, 그가 잘못한 일은 평생 결혼도 하지 않았고 성격도 나쁘며 소화기관이 약했다는 것이다. 그래도 희망은 있으니 생매장은 하지 마라. 그중에서도 가장 큰 죄악은 바로 재물을 가볍게 여겼다는 것과 평생 특별히 한 일이 '없다'는 것이다."

형은 제대로 써달라며 거듭 그를 설득했지만, 노벨은 끝까지 고집을 부렸다.

"시간이 없어서 안 하겠다는 것이 아니야. 도저히 그런 자서전은 못 쓰겠어. 무한한 우주의 소용돌이 속에는 갠지스 모래알만큼 많은 별들이 있는데, 아무것도 아닌 우리가 그런 것을 쓸 만한 가치가 있을까?"

노벨은 일생 동안 명성을 얻는 일 따위는 원치 않았다. 그의 남다른 겸손은 사람들이 놀랄 만한 그의 업적과 떼려야 뗄 수 없다.

겸손한 마음은 어느 시대, 어느 국가에서도 필요한 덕목이다. 겸손은 당신의 삶을 더욱 품위 있고 편안하며 유쾌하게 해준다. 일을 하면서 좋은 인연을 만나게 해주고, 동료와 상부상조하며 화목하게 지내게 할뿐더러 상사와 순조롭게 소통하여 효과적으로 일을 진행할 수 있다. 편안하고 조화로운 환경 속에서 살면서 어찌 성공하지 않을 수 있겠는가?

어떤 회사에서 감원 계획을 발표하고 그 명단을 공개했는데, 내근 직원인 샤오찬과 샤오옌도 그 명단에 포함되어 있었다. 동료 직원들은 1개월 후면 직장을 떠나야 하는 그녀들을 어떻게 위로해야 할지 몰라 조심스러웠다. 다들 누구나 이런 일을 당하면 견디기 어려울 것이라는 생각에 어느 누구도 그녀들에게 말을 붙이지 못했다. 샤오찬과 샤오옌의 눈가에도 이미 눈물이 어려 있었다.

이튿날 출근한 샤오찬은 여전히 답답하고 속상한 마음에 아무 일도 손에 잡히지 않았다. 그녀는 동료를 찾아가 울면서 넋두리도 하고, 담당 주임을 찾아가 자신의 억울함을 하소연하기도 했다. 그러느라 도시락 주문이나 문서 전달, 우편 발송 등 자신이 해야 할 일을 완전히 내팽개치는 바람에, 다른 사람이 그녀의 일을 대신해주어야 했다.

한편 샤오옌은 전날 밤 내내 울었지만, 속상한 것은 속상하더라도 한 달 뒤에야 일을 그만두기 때문에 맡은 일을 최선을 다해 마무리 지어야 한다고 생각했다. 그래서 그녀는 다음 날 출근 후 묵묵히 컴퓨터를 켜고 자판을 두드리며 아무 일 없는 듯이 서류 타이핑을 끝내고 통지서를 발송했다. 하지만 동료들은 조만간 회사에서 쫓겨나는 그녀에게 왠지 미안한 마음이 들어 좀처럼 타이핑 일을 부탁하지 않았다. 그러자 그녀는 일부러 동료들을 일일이 찾아다니며 평소처럼 일거리를 달라고 했다.

"어차피 벌어진 일이고 피할 수 없잖아요. 그러니 끝까지 일을 잘 마무리하도록 도와주세요. 나중에는 여러분 일을 해주고 싶어도 그럴 기회가 없을 테니까요."

결국 동료들은 예전과 똑같이 "샤오옌, 이것 좀 입력해줘요. 서둘러 주세요.", "샤오옌, 얼른 이걸 보내주세요!" 하며 일을 부탁했다. 샤오옌도 동료들이 부르면 얼른 달려가 기꺼이 일을 받아왔다. 그녀는 손이 보이지 않을 정도로 열심히 일하면서 자기 자리를 꿋꿋이 지키며 맡은 일을 끝까지 다 해냈다.

한 달 뒤, 샤오찬은 예정대로 회사를 떠났지만 샤오옌은 상사에 의해 감원명단에서 빠져 회사에 남게 되었다. 주임은 직원들 앞에서 회장의 말을 대신 전달해 주었다.

"샤오옌을 대신할 직원은 없다. 회사로서도 그녀처럼 성실한 직원을 자를 이유는 없다!"


샤오옌은 회사를 곧 그만두는데도 최선을 다해 자신의 일을 마무리하려고 했다. 그녀의 업무가 얼마나 중요한 것인지는 따질 필요가 없다. 그녀의 태도를 보면 회사에 대한 그녀의 충성심과 책임감을 충분히 엿볼 수 있기 때문이다. 이런 사람을 마다할 상사와 동료가 있겠는가?

미국인 기자 제이스가 일본 도쿄에 갔다. 그녀는 오타큐 백화점에서 도쿄에 사는 할머니께 드릴 선물로 레코드를 하나 샀다. 점원은 상냥하게 웃는 얼굴로 아직 개봉되지 않은 상품을 그녀에게 골라주었다. 그런데 숙소로 돌아와서 뜯어보니, 상자 내부는 제대로 포장이 되어 있지 않고 상품은 아예 사용이 불가능한 상태였다. 화가 머리끝까지 난 제이스는 다음날 아침 백화점으로 달려가 따질 요량이었고, 그 일에 관한 기사까지 작성했다. 기사의 제목은 '미소 뒤에 숨은 두 얼굴'이라고 붙였다.

그런데 이튿날 아침 일찍부터 자동차 한 대가 그녀의 숙소 앞에 멈춰 섰다. 차에서 내린 사람은 다름 아닌 오타큐 백화점 회장과 판매 직원이었다. 직원은 큰 가죽트렁크를 들고 있었다. 그들은 곧장 그녀에게 허리를 굽히며 연신 미안하다고 말했다. 제이스는 그들이 왜 자신을 찾아왔는지 알 길이 없었다. 그러자 직원은 수첩을 펼쳐보이며 자초지종을 말해주었다.

어제 오후에 상품을 점검하던 직원은 완제품이 아닌 샘플을 고객에게 팔았다는 사실을 발견했다. 직원의 보고를 받은 회장은 예삿일이 아니라고 생각하며 즉각 고객 관련 직원들을 불러 모았다. 상품을 가져간 고객에 대한 정보는 두 가지뿐이었는데, 고객의 이름과 고객이 남긴 미국의 한 특급우편회사의 명함이었다. 이를 근거로 백화점은 심해에서 바늘 찾기와 같은 일을 시작했다. 우선 그들은 도쿄의 각 호텔에 서른두 차례나 전화를 걸어 제이스와 같은 고객을 찾았지만 아무런 성과가 없었다. 그리하여 특급우편회사 본사에 전화를 걸었고, 늦은 밤이 되어서야 그곳의 회신을 받아 제이스의 미국 부모님 전화번호를 알아낼 수 있었다. 그들은 곧바로 미국에 전화를 걸어 제이스의 도쿄 할아버지 집 전화번호를 얻었고, 마침내 숙소까지 알아낼 수 있었다. 총 서른다섯 차례의 긴급 전화를 통해 얻은 결과였다. 직원의 해명이 끝나자, 회장이 직접 제이스에게 새 레코드 제품은 물론이고 사과의 선물로 들고 온 케이크를 건넸다. 그리고는 거듭 사과한 뒤 그곳을 떠났다.

제이스가 그들의 서비스에 얼마나 감동했을지는 충분히 짐작할 수 있다. 그녀는 곧바로 자신이 써둔 신문 기사를 수정했는데, 제목은 바로 '서른다섯 차례의 긴급 전화'였다.

오타큐 백화점 회장은 일이 발생하자마자 즉각적인 조치를 취했고, 반드시 고객을 찾아내어 일을바로 잡겠다는 책임의식을 가지고 있었다. 이처럼 투철한 책임감을 보여준다면 감동하지 않을 사람은 없을 것이다. 그러므로 자신이 더욱 크게 발전할 공간을 마련하고 싶다면 무엇보다도 책임감이 강해야 한다. 당신이 평범한 직원이 아닌 경영 책임자라면 어떻게 일할 것인지를 생각해보라. 책임감이 강하다면 그만큼 당신은 노력해서 평범함을 뛰어넘는 사람이 된다. 하지만 그렇지 못하다면 더 이상 발전할 공간은 없다. 책임감 있는 사람은 회사 안에서 대체 불가능한 직원이 된다. 이것은 당신의 좋은 장점이 될 것이다.

# CHAPTER

# 08

장점을 개발해 줄
인생의 귀인을 찾아라

'하나의 울타리는 세 개의 말뚝이 필요하고, 한 명의 호한에게는 세 명의 친구가 필요하다'라는 말도 있듯이, 큰일을 해내고 싶다면 맨주먹으로 혼자 천하를 가지겠다는 생각 따위는 절대 하지 마라. 어떤 일을 하고 싶다면 그 일을 도울 누군가가 있어야 하고, 그 일을 많이 해내고 싶다면 그만큼 그 일을 도울 사람이 많아야 한다.

'인맥'이라는 말은 식물의 '잎맥'에서 나왔다. 잎사귀 가운데 거미줄처럼 넓게 펼쳐져 있는 잎맥처럼 사람과 사람이 서로 알고 지내다 보면 각종 관계들이 얽히고설켜 마치 거미줄처럼 연결된다. 이런 인간관계의 거미줄이 크면 클수록 접촉하는 사람이 많고 타인의 도움을 받기도 쉬워진다. 물론 그들과의 충분한 상호작용이 있어야 도움을 받을 수 있다. 백지장도 맞들면 낫다고 했는데, 인맥을 잘 형성한 사람의 앞날은 분명히 밝을 것이다.

전국시대 제나라의 왕족인 맹상군은 원래 호탕하고 사람을 대하는 데 의리를 중시했으며, 어려움에 처한 사람들을 항상 받아주었다. 그래서 그의 주변에는 식객들이 많이 모였고, 그는 '식객삼천(食客三千)'이라는 명성으로 만천하에 이름을 떨쳤다. 그의 명성을 익히 들어온 초나라 왕은 그에게 관직을 내어주었다. 그래서 맹상군은 몇 년간 초나라 재상으로 지내다가 다시 제나라로 돌아왔다. 그러자 이번에는 진나라 왕이 그의 재능을 듣고 그를 신하로 발탁하고자 했다. 하지만 제나라도 맹상군이라는 인재를 잃기 싫어서 그가 진나라로 가도록 내버려두지 않았다. 결국 진나라 왕은 경양군(涇陽君)을 인질로 삼아 맹상군을 불러들였다. 그런데 이듬해에 어떤 신하가 제나라 사람인 맹상군이 진나라에서 재상을 하면 장차 진나라를 제나라에 뺏기게 될지도 모른다며 진나라 왕 앞에서 맹상군을 모함했다. 진나라 왕은 그 말이 일리 있다고 여겨 맹상군을 그만 감옥에 가둬버렸다.

맹상군의 소식을 접한 식객들은 마음이 조급해졌다. 몇 년씩이나 맹상군으로부터 후한 대접을 받아온 식객들은 위험에 처한 맹상군을 반드시 구해야겠다는 생각에 다들 머리를 맞대고 방법을 논의했다. 그중 한 식객이 진나라 왕이 총애를 받는 여자를 꾀어 베갯머리송사를 하는 것이 어떻겠냐고 말했다. 다행히 다방면의 인사를 거쳐 어렵사리 그 기녀와 연락이 닿았다. 그런데 이야기를 들은 기녀는 자신에게 순백의 여우 모피를 주면 도와주겠다고 말했다. 기녀가 말한 옷은 아무 데서나 쉽게 구할 수 있는 것이 아니었다. 세상에서 겨우 몇 벌밖에 되지 않는데, 그중 한 벌을 맹상군이 가지고 있다가 진나라 왕에게 바친 적이 있었다. 이때, 도둑질을 잘하는 식객이 그 옷을 자신이 훔쳐서 맹상군의 은혜에 보답할 기회로 삼겠다고 말했다. 과연 그는 식은 죽 먹기로 그 옷을 훔쳐왔다. 옷을 건네받은 기녀는 약속대로 진나라 왕에게 맹상군을 좋게 말해주었다. 기녀의 말에 마음이 흔들린 진나라 왕은 며칠 뒤 맹상군을 풀어주라 명했다.

자유의 몸이 된 맹상군은 더 이상 진나라에 머물고 싶지 않았다. 그래서 곧장 제나라로 돌아가려고 국경지대로 향했다. 하지만 아직 날이 밝지 않아서 문이 굳게 닫혀 있었다. 진나라 법에는 반드시 첫 닭이 울어야 성문이 열렸다. 그런데 그 사이에 진나라 왕이 맹상군을 풀어준 것을 후회해 병사들을 풀어 그를 잡아오게라도 하면 큰일이었다. 그때 마침 식객 중에 닭 울음소리를 잘 내는 사람이 있어 흉내를 냈더니 주변의 닭들도 따라 울기 시작했다. 마침내 닭 울음소리에 성문이 열렸고 맹상군 일행은 순조롭게 제나라로 돌아올 수 있었다.

맹상군은 평소에 재물을 아끼지 않고 인맥을 넓혀왔다. 그렇기 때문에 다양한 인재들을 자기 주변에 둘 수 있었고 진나라에서도 무사히 벗어날 수 있었다.

인맥을 잘 형성하여 일을 해나가라. 더군다나 요즘처럼 인간관계가 복잡한 사회에서 제대로 일하려면, 거미줄처럼 뒤엉켜 있는 인간관계망을 잘 이용해야 한다. 인간관계를 넓게 형성하지 못한 사람은 일하는 곳곳마다 벽에 부딪힌다. 반면 광범위한 인맥을 가지고 있으면 어디를 가더라도 중간에서 다리를 놓아주는 사람이 있을 것이다. 그러면 해내기 어려운 일도 그들의 도움 하에 순조롭게 처리된다.

## + 혼자서는 한 발짝도 내딛기 어렵다

일대일로 싸우는 시대는 지났다. 돈키호테와 같은 인물이 또 다시 나타난다면 옛날보다 훨씬 더 비참하게 패배할 것이다.

대형가전회사인 일렉트로룩스는 중국 지역의 판매 전략과 지역시장 집중 정책이 큰 효과를 보지 못하자, 전략을 바꾸어 중국 전자회사인 궈메이뎬치(國美電器), 쑤닝뎬치(蘇寧電器)와의 합작을 택하고, 2010년에 각각 협약을 체결했다.

그들은 2009년 연초에 판매 전략을 발표하면서 현재의 상황과는 거의 정반대가 되었다.

2009년 2월, 일렉트로룩스 아시아태평양 총재 겸 중국 지역 이사 회장인 구니라(古尼拉) 여사는 〈제일재경일보(第一財經日報)〉와의 인터뷰에서 과거 몇 년간 우리 회사는 중국의 몇몇 중점도시에 인원이나 부서 등을 배치하면서 수많은 자원을 분산시켰지만, 효과가 기대에 못 미쳤다고 말했다. 그래서 조만간 지역시장에만 초점을 맞추어 중국의 여덟 개 성 네 개 도시의 시장을 집중적으로 영업하면 충분히 1등급, 2등급 이외의 시장도 커버할 것이라고 했다.

이와 같은 긴축계획의 배후에는 일렉트로룩스가 직접 세운 판매 전략이 있다. 사실 그 전략은 2008~2009년 사이에 거리 사가 위탁판매상이 세운 10개 정도의 점포와 합작하여 일련의 도시 상권을 커버한 일례를 본받은 것이다. 그러나 1년이 지난 뒤에 이 전략의 생산 효과와 반응은 그다지 크지 않았다.

관련 인사의 견해에 따르면 일렉트로룩스가 궈메이뎬치나 쑤닝뎬치와 합작한 것은 회사의 규모를 키우는 데 반드시 필요한 일이었다고 한다. 2009년 긴축계획 후에 일렉트로룩스의 중국 지역 손실은 적어졌으나, 영업 수입은 이전을 훨씬 밑돌았다.

일렉트로룩스는 향후 1, 2년 동안 궤메이뎬치나 쑤닝뎬치가 회사의 중국 지역 영업 수입을 열 배 정도 증가시키길 기대하고 있다.

그러나 영업 수입만 목표로 추구하면 곤란한 상황에 빠질 수도 있다. 지금까지 적자는 나지 않았다. 2009년에 회사 적자액은 전년도 같은 시기와 대비하여 50% 이상 감소했고, 2010년에는 이윤을 얻을 가능성이 보였다. 이것은 일렉트로룩스의 중국 지역에게는 하나의 역사적인 일이었다.

잇따른 손해와 지난 11년 동안 일곱 차례의 강도 높은 정세 불안까지 더해져, 일렉트로룩스가 중국 시장에서 퇴출된다는 루머가 수차례나 전해졌다. 그들은 중국 시장의 지멘스(Siemens AG)나 하이얼(Haier) 그룹의 주도하에 최첨단 시장 진영으로 뛰어들고 싶었으나 상황은 그리 호락호락하지 않았다. 에어컨, 냉장고, 세탁기, 주방 가전 등 여러 세분화된 영역에는 이미 강력한 상대가 자리 잡고 있었다.

게다가 궈메이뎬치나 쑤닝뎬치와 합작한 일은 일렉트로룩스에는 적지 않은 압력이 있었다. 출고량부터 중국 브랜드를 따라잡을 수 없다는 것을 알아야 했다. 만약 두 거대한 시장과 차이를 두지 못한다면, 오히려 시장에 제압당할 수 있었다. 일렉트로룩스는 자신들의 실력만 믿고 그곳 시장에서 고군분투하는 것은 회사 자체가 침몰할 위험이 있다는 것을 너무나 잘 알고 있었다.


유비에게도 이와 비슷한 일이 있었다.

원래 마땅한 자기 기반이 없었던 유비는 관우, 장비 등을 데리고 정처 없이 떠돌아다녔다. 그렇다고 속이 좁아 너그럽지 못한 원소와 동료가 되기는 싫었고, 지나치게 의심이 많은 조조에게 의탁한다면 자신이 손해를 볼 것 같았다. 그래서 유비는 자신을 따르는 사람들을 데리고 홀로 고군분투하느라 이렇다 할 공적을 세우지 못함을 늘 개탄했다. 하지만 후에 유비는 제갈량의 도움으로 형주의 유표에 의탁했고, 그제야 자신의 기반도 견고히 다질 수 있었다. 그러면서 유비는 관우나 장비처럼 용맹한 장수만 데리고 있는 것이 능사가 아니라는 사실을 확실히 깨달았다.

일찍이 한 철학자는 이렇게 말했다. '자기 한 몸만 믿고 기적을 창조하고 싶은 사람은 참으로 어리석다. 그것은 불에 달려드는 나방과도 같다.' 혹시라도 그런 꿈을 가진 사람이라면 다시 한 번 심사숙고하라. 타인과 적절히 협력하여 함께 이길 줄 아는 것은 요즘 비즈니스맨 모두가 인정하는 대세다. 자신의 협소한 울타리 안에서 나와 타인의 도움을 받아야 더욱 눈부신 성과를 이룰 수 있다.

어느 평범한 가족이 있었는데, 하루는 아버지가 아들에게 말했다.

"너도 이제 다 컸으니, 네게 여자 친구를 소개해주고 싶구나."

그러자 아들이 말했다.

"요즘이 어떤 세상인데 그러세요. 제 여자 친구는 제가 알아서 구할게요!"

"내가 너에게 소개해주려는 여자는 빌 게이츠의 딸이야. 얼굴은 또 얼마나 예쁘다고!"

"음… 그럼 좋아요."

아버지는 곧장 빌 게이츠에게 가서 말했다.

"따님이 정말 예쁘군요. 제가 당신에게 사위를 소개해 드릴까요?"

그러자 빌 게이츠가 말했다.

"딸아이의 결혼은 저희가 알아서 합니다. 신경 쓰지 마세요."

아버지가 말했다.

"세계은행의 부 은행장인데도요? 학식은 또 얼마나 높은지."

빌 게이츠가 말했다.

“그럼 좋아요.”

이번에 아버지는 세계은행의 은행장을 찾아가 말했다.

“일이 너무 많고 바쁘신 것 같네요. 제가 당신에게 부 은행장을 소개해 드릴까요?”

그러자 세계은행 은행장이 말했다.

“부 은행장 자리는 저희가 알아서 찾겠습니다. 괜히 마음 쓰지 마세요.”

“제가 추천하려는 사람은 빌 게이츠의 사위입니다. 게다가 매우 총명한 사람이죠.”

세계은행 은행장이 말했다.

“그럼 좋습니다!”


이런 일이 일어나는 것은 절대 불가능하다고 생각하겠지만 과연 그럴까? 이 이야기에서처럼 우리 각자가 가지고 있는 조건들은 어느 정도 한계가 있다. 외부의 힘을 빌리면 불가능한 일이 가능한 때도 있다.


1970년대 석유 파동의 먹구름이 전 세계 경제 발전에 드리워져 있을 때, 미국 서부에서는 모든 석유회사가 관심을 가질 만한 빅 뉴스가 전해졌다. 텍사스에 풍부한 석유가 매장된 유전이 새로 발견되었다는 소식이었다.

그런데 연방정부가 이 유전의 채굴권을 경매에 부친다는 소식이 연이어 전해지자, 거물급 석유 인사들도 경매에 큰 관심을 보였다. 그들은 소식을 접하자마자 자금을 최대한 끌어모아 경매 입찰에 대비했다. 이 유전의 채굴권을 획득한 회사는 마치 큰 '금광'을 발견한 것처럼 이후 몇십 년 동안은 많은 이득을 얻을 것이 뻔했기 때문이다.

한편 모커(谟克) 석유회사 사장인 더글러스도 이 '황금알을 낳는 거위'가 몹시 탐이 났다. 하지만 백만 달러의 자산뿐인 자신이 수만 혹은 수억대의 자본을 가진 석유 재벌들과 어찌 경쟁을 하겠는가? 자금이 부족하다는 이유로 눈을 뻔히 뜨고도 황금알을 낳는 유전을 다른 사람에게 빼앗겨야 하는 현실이 더글러스에게는 별로 달갑지 않았다.

그런데 고민을 거듭하던 더글러스에게 문득 좋은 아이디어가 떠올랐다. '나는 미국 시티뱅크의 오랜 고객이고 내 돈은 모두 그 은행에 들어가 있다. 그렇다면 은행 총재인 존스에게 나 대신해서 경매에 참여해 달라고 부탁해볼까?'

존스는 미국 내에서 모르는 사람이 없는 은행업계 대부이다. 그런 그가 경매장에 얼굴을 내비치면 석유 재벌들이 입찰을 꺼릴지도 모른다. 생각이 여기에 미친 더글러스는 서둘러 존스에게 전화를 걸어 자초지종을 설명하고 그의 도움을 요청했다. 존스도 두말없이 그 제안을 받아들였다. 더글러스가 돈을 많이 벌면 벌수록 은행의 예치금도 많아질 것이기 때문이다. 이는 시티뱅크에 해가 될 것이 없고, 존스에게도 손을 드는 것만큼 쉬운 일이었다.

"그럼 당신은 얼마를 낼 생각입니까?"

존스가 물었다.

"최고 백만 달러는 초과할 수 없어요. 당신도 알다시피 더 이상 낼 돈이 없습니다. 그게 제 전 재산인걸요."

"좋습니다. 제가 가죠. 되든 안 되든 하늘의 뜻에 맡겨봅시다. 더글러스 선생."

존스는 매우 자신만만하게 말했다.

드디어 일주일 뒤, 텍사스 주의 한 유명 경매장에서 유전 경매가 열렸다.

이 경매에는 모두 11곳의 석유회사가 참여했는데, 더글러스의 회사가 유일한 소회사이고 나머지는 모두 재력이 두터운 대기업이었다.

경매가 시작될 무렵 존스가 어슬렁거리며 경매장 안으로 들어서자, 순식간에 장내가 소란스러워졌다. '저 사람이 여긴 대체 어쩐 일이지? 저런 거물급 인사도 유전을 사려는 것인가?'

모든 입찰 기업들은 몹시 당황했다. 만약 존스가 유전을 사려고 한다면 그와 경쟁할 회사는 없기 때문이다.

더글러스는 그런 상황을 지켜보면서 속으로 무척 만족스러웠다. 그는 마치 강 건너 불구경하듯이 한쪽 구석에 한가롭게 앉아서 있었다. 일단 경매가 시작되면, 50만 달러부터 출발해서 매번 패널을 들 때마다 5만 달러씩 가격이 오르게 된다.

그런데 경매 중개인이 경매를 시작하자마자, 존스가 패널을 들어 올리며 큰 소리로 외쳤다.

"백만이오!"

순간 그곳 사람들은 모두 놀랐고, 입찰 기업 대표들도 선뜻 다음 가격을 부르지 못하고 멍하니 서 있기만 했다.

"백만 나왔습니다. 7번에 백만 달러. 더 부르실 분 없으신가요?"

경매 중개인이 연신 외쳐보았지만 경매장 안은 쥐 죽은 듯이 고요했다.

결국 중개인은 망치를 두드리며 경매가 끝났음을 선언했고, 새 유전은 7호 입찰자인 모커 석유회사의 소유가 되었다. 경매 시작부터 낙찰까지 걸린 시간은 단 5분이었고, 자금이 제일 적은 기업이 유전 채굴권을 획득했다. 이처럼 싱겁게 끝난 경매는 또 없었다.

이 이야기는 타인의 장점으로 자신의 목적을 이룬 전형적인 예에 해당한다. 모커 석유회사는 자본이 많지 않았지만, 은행 업계의 거물급 인사를 모셔와 모든 경쟁자를 눌렀다. 참으로 뛰어난 계략이라 할 수 있다.

당신은 이 이야기를 읽고 깨달은 바가 있는가?

# + 독자적인 혜안으로 귀인을 알아보라

　살아가는 동안 사람과 사람 사이의 교류는 쌍방적이다. 누군가가 당신에게 잘해주면 당신도 그 사람에게 잘해주는데, 이런 것을 두고 '예는 오고 가는 것이 중요하다(禮尙往來)'라고 한다. 지혜로운 사람은 어떻게 인재를 발견하고 인재를 모으는지를 잘 알고 있다. 능력 있고 학식 있는 사람은 자기 장점을 발휘할 수 있도록 자신을 도울 수 있는 사람을 찾아내어 서로 좋은 결과를 얻는다.

　삼국시대 촉나라의 승상인 제갈량은 벼슬길에 오르기 전에는 힘들게 농사를 지으며 세상일에 전혀 발을 들여놓지 않았다. 그는 재능이 많았지만 이름을 날리려고 서두르지 않았고, 자신을 높이 평가해주고 자신의 포부를 알아주는 사람을 계속해서 기다렸다. 그러던 어느 날, 마침내 한 사람이 자신의 의형제들과 함께 그를 찾아왔다. 그는 중산정왕(中山靖王)의 후손으로 당시 황제인 한 헌제의 숙부가 되는 유비였다. 그런데 제갈량은 함박눈을 맞으며 먼 길을 고생스럽게 찾아온 유비에게 아무런 관심이 없는 듯 대했다. 그는 사내아이를 시켜 유비에게 전하길, 자신이 외출했으니 다음번에 다시 오라고 했다. 하는 수 없이 유비는 두 형제와 함께 빈손으로 돌아가야 했다. 얼마 뒤 유비는 의형제들과 함께 두 번째로 제갈량을 찾아왔다. 그러나 이번에도 제갈량은 외출을 나간 척하며, 창문 뒤에서 몰래 유비의 행동을 지켜보기만 했다. 유비가 세 번째로 제갈량을 찾아왔을 때, 그는 비로소 문밖으로 나왔고 기꺼이 유비를 보좌하여 촉한 제국을 건설하겠다고 말했다. 삼고초려 이야기는 이처럼 훈훈한 미담으로 전해 내려온다.

사람을 알아볼 줄 아는 혜안이 있으면 평범한 사람들 속에 숨어 있는 '귀인'을 찾을 수 있다. 사업이 복잡한 유기적 반응을 진행하는 것과 비슷하다면, '귀인'은 바로 그것을 순조롭게 진행하게 해주는 촉매제와 같다. 귀인의 도움이 있으면 복잡한 반응도 재빠르게 진행할 수 있지만, 귀인의 도움이 없다면 오랜 세월 동안 자신을 운에 내맡겨야 하며 나중에 성과를 얻는다는 보장도 없다.

그렇다면 이렇게 중요한 귀인을 어디에서 찾을 수 있을까?

다행히 이 세상에는 당신의 운명을 바꿀 귀인이 부족하지는 않다. 다만, 귀인을 발견하는 혜안이 부족할 뿐이다.

많은 사람이 친구가 별로 없다고 한탄하곤 한다. 적당히 어울려 다닐만한 친구는 많아도, 그런 친구들은 도움이 필요할 때마다 모른 척하기 일쑤여서 귀인이라고 할 수 없다는 것이다. 하지만 그것은 평범한 사람들이 알고 지내는 사람들의 90% 이상도 결국 평범한 사람이라는 사실을 모르고 하는 말이다. 정작 중요한 것은 자신의 인간관계를 어떻게 활용하느냐이다. 그리고 그 평범한 사람들 속에서 귀인을 찾아내는 혜안이다!

이웃집에 사는 한 젊은이는 명문대학을 졸업한 지 2, 3년 정도 되었는데 여태 이렇다 할 직장을 찾지 못했다. 그는 매일 아침이면 일자리를 찾아 나서지만 해가 지면 별 수확도 없이 집에 돌아오곤 했다.

사람들이 아직도 직장을 못 구했는지 물으면 그는 이렇게 대답했다.

"제 전공이 역사에요. 아시다시피 워낙 비인기 학과이다 보니, 어딜 가도 뽑아주질 않네요."

그러자 그 말을 들은 한 사람이 이렇게 말했다.

"그런데 당신이랑 매일 밤마다 포커 치는 그 친구, 혹시 이곳 시의 중점고등학교 교장 아니에요? 며칠 전에 얼핏 듣기로 그 학교에서 역사 선생님을 뽑는다던데요?"

그러자 젊은이는 제 머리를 쥐어박으며 이렇게 말했다.

"정말요? 난 그냥 그 사람이랑 포커만 쳤는데! 그 사람 입은 행색이 하도 초라해서 학교 교장일 줄은 꿈에도 몰랐지 뭐에요!"

젊은이는 곧바로 카드놀이 친구를 찾아갔지만, 그 사람은 이미 보통사범학교 역사과를 갓 졸업한 학생을 채용한 뒤였다.

이런 결과에 괴로워하고 후회해도 아무 소용없다. 그저 눈을 크게 뜨고 주변의 숨은 귀인을 찾아내지 못한 자신을 탓하는 수밖에.

사람들은 종종 놀음판이나 술자리에서는 오로지 카드놀이나 술을 마시는 데에만 정신이 팔려서 상대방의 직업과 사회적 지위, 사교 범위 따위는 알려고 하지 않는다. 하지만 어떤 경우에는 일상적인 인사만 나눠도 당신이 여태 찾았으나 찾지 못했던 귀인을 알아볼 수 있다.

부모가 교문 밖에서 하교하는 아이들을 기다리는 것은 아주 일상적인 일이다. 부모들은 대개 아이를 기다리는 동안에 삼삼오오 모여서 수다를 떤다. 나는 그런 부모 중에서 아주 현명한 엄마를 본 적이 있는데, 그녀는 아이를 기다리는 짧은 그 몇 분도 이익을 창조하는 골든타임으로 바꿔버렸다.

그녀는 화장품 판매원이다. 처음에는 아주 작은 가게에서 마을 사람들을 상대로 따바오(大寶)나 메이지아징(美加淨) 같은 대중적인 브랜드의 화장품을 판매했다. 그녀의 특기는 바로 상점에 물건을 사러 오는 고객들과 20분 이상만 대화를 나누면 가게 안의 화장품을 추천해주고 판매까지 할 수 있다는 것이다. 그래서 그녀의 가게에 온 사람들은 언제나 그녀가 권해준 상품을 두세 개쯤 사들고 나갔다.

그런데 그녀의 작은 아이가 초등학교에 들어가게 되었다. 매일 오후에 잠시 가게 문을 닫고 아이를 데리러 가야 했던 그녀는 그 작은 기회도 그냥 놓치지 않았다. 그녀는 아이가 나오길 기다리는 동안, 아이를 데리러 온 다른 엄마들과 이야기를 나누면서 자신의 가게에서 판매하는 화장품을 소개했다. 그러면 다음날 엄마들이 어김없이 그녀의 가게로 와서 피부 관리 제품들을 샀다. 한 번은 그녀가 부유한 중년부인을 만나 이야기를 나누었는데, 그 부인이 찾는 화장품은 그녀도 들어본 적이 없는 제품이었다. 하지만 그녀는 열심히 검색하여 통신구매로 상품을 마련했고, 3일 뒤에는 그 부인의 손에 쥐여주었다. 부인은 그녀의 정성이 고마워서, 무려 1년 치의 피부 관리 제품을 사주었다.

세월이 흘러 그녀의 아이가 5학년이 되었을 때, 그녀는 시

중심의 가장 번화한 지역에 상가를 얻어 미용실을 차렸다. 그 후로도 그녀는 계속해서 아이를 데리러가면서, 새로 오픈한 가게로 미용 고객도 '데리고' 왔다.

　장사꾼에게는 고객이 가장 큰 귀인이다. 길에 다니는 사람들은 모두 잠재적 고객이며 잠재적 귀인인 것이다. 단지 당신이 그들의 마음을 잡을 수 있느냐 없느냐만 생각하면 된다. 이야기 속 그녀처럼 당신도 그 어떤 짧은 시간이라도 이윤을 창조하는 '골든타임'으로 바꿔라.

　생활 템포가 빨라지면서, 우리는 매일 땅에 발 디딜 틈도 없이 바쁘다고 여긴다. 그러나 곰곰이 생각해보라. 우리가 정말 그렇게까지 바쁜가? 친구와 함께 이야기 나눌 시간조차 없을 정도인가? 그들과 마주칠 때마다 '안녕!', '다음에 또 보자!', '시간 나면 밥 한번 먹자.'라는 말 외에 다른 할 말이 없을까?

　단 5분 만이라도 지금 옆에 있는 친구와 교류해보라. 그들이 무슨 일을 하는지, 또 그들이 아는 사람 중에 당신이 줄곧 찾아왔던 귀인은 없는지 알아보는 것은, 아무 짝에 쓸모없는 수다가 아니라 당신의 삶을 변화시킬 수도 있다.

　귀인은 귀인을 열심히 찾는 사람 앞에만 나타나 생각하지도 못했던 기쁨을 안겨다 줄 것이다!

자기 주변의 '숨어 있는 귀인'을 찾아라. 그러면 성공도 당
신에게 특별한 호의를 보일 것이다.

# + 융통성 있는 사람이 되라

　실적이 좋은 사람이 반드시 인간관계까지 좋은 것은 아니다. 요즘 세상에 아첨이나 아부는 구시대적인 유물일 뿐이다. 오히려 주관 있고 붙임성이 좋아야 많은 사람에게 사랑을 받는다. 주변의 것을 제대로 활용하지 못해서 성공 못 하게 되는 일 없이, 재치 있는 생각으로 주변의 것을 잘 이용하여 일을 순조롭게 처리하는 것이 바로 요즘 직장인들의 새로운 목표다.

　'좌우봉원(左右逢源)'이라는 말은 요즘의 직장이나 관료사회, 혹은 일생생활에서도 그리 낯선 말은 아니다. 이 말은 원래 《맹자. 이루하(離婁下)》편의 '그 일에서 얻은 것이 깊이가 있게 되면, 자신의 좌우 가까운 곳에 있는 것을 취해 그 근원까지 알게 된다(資之深 卽取之左右逢其原)'는 말에서 나왔다. 지식인 서비스 바이두(百度)에 나와 있는 이 사자성어의 단순한 해석을 보면 '원래는 학식이 풍부하여 일하는 것이 매우 침착하고 자유자재라는 뜻을 의미함. 이후에 일 처리가 원만해서 주위 관계를 매끄럽게 처리하거나, 일하는 게 융통성이 있어 누구에게나 환심을 산다는 뜻으로 해석됨.'이라고 되어 있다. 이 말은 원래 제자의 물음에 스승이 대답하는 일종의 풀이와도 같은 것이지만, 세월이 흐르면서 현재의 뜻으로 변화되었다.

만약 한 나라의 군주가 이런 기교를 잘 모른다면 그 군주는 멸망할 것이다.

오랫동안 직장을 다닌 사람이 지혜롭게 융통성을 발휘하는 것은 교활함이 아니라 회사 생활의 위기에서 벗어나게 해주는 기회와도 같은 것이며, 일종의 지혜 표현이다. 많은 사람이 직장을 전쟁터와 같다고 하는데 이 말처럼 적절한 표현은 없다. 다만, 전쟁터에서는 눈에 보이는 칼과 창으로 싸우지만, 직장에서는 눈에 보이지 않는 무기로 싸운다.


다이애나는 화장품 회사에서 실력을 인정받는 중도파로, 항상 남보다 열심히 일해서 모든 동료들의 존경을 받았다. 특히 업무 중에 어려움을 겪는 동료들을 적극적으로 나서서 도와주었다. 그녀가 다니는 화장품 회사는 여자 직원들이 많은 까닭에 회사 내에 성격이나 취미가 비슷한 동료들끼리 뭉친 작은 모임들이 많았다. 같은 모임의 사람들끼리는 대부분 비슷한 행동과 목표를 가지고 있었는데, 이것 때문에 종종 다른 모임들과의 마찰이나 충돌이 벌어지기도 했다. 하지만 다이애나는 그 어떤 소모임에도 참여하지 않았고, 시종일관 모든 모임에서 한 발짝 뒤로 물러나 있었다. 하지만 그녀는 누구나 인정하는 좋은 동료임은 틀림없었다.

최근 회사 내 높은 자리가 비자 여러 직원이 그 자리를 두고 경쟁했다. 회사에서는 공평을 기하기 위해서 여론조사를 실시했고, 그 결과 가장 이의 없는 인선으로 다이애나가 뽑혔다. 그렇게 그녀는 한 회사의 관리직원으로 승진하는 데 성공했다.

회사 안에 이런저런 작은 모임들이 생기는 것은 막을 순 없다. 이들 모임 중에는 보수적인 집단 파벌이나 너무 친한 단짝 직원들도 있기 마련이다. 그래서 융통성 있는 고수라면 자신의 입장에 서서 편파적이지 않고 쉽게 동요하지도 않는다. 이렇게 중도파의 역량이 오히려 더 가치 있다. 그렇다고 중도파가 핵심 업무에서 동떨어진 것과는 다르다. 업무적인 책임이 오히려 더 중요하다. 자신의 업무를 잘해야 할 뿐만 아니라, 도움이 필요한 사람에게 자신의 손을 기꺼이 내어주어 업무를 완성시키는 비 집단 세력의 조력자가 되어야 한다. 그러면 인간관계나 사업에서 좋은 인연을 맺고 두 가지 모두 좋은 결과를 얻는다.

남과 잘 어울리며 살아가기 위한 융통성의 지혜를 발휘하면 당신은 성공에 한 발짝 다가설 것이다. 직장에 몸을 담고 있는 사람이라면 아래의 네 가지를 명심하고 좌우봉원하라.

첫째, 주위 사람들과 꾸준하게 교류하고, 부지런히 보고하며, 많은 지시를 바라고, 항상 소통하라.

둘째, 자기 주견이 있어야 하며, 시비의 소용돌이에 휘말리지 마라.

셋째, 어느 쪽으로도 치우치지 말고, 열정적인 중도파가 되라.

넷째, 항상 미소 지으면서 회사 직원들의 호감을 얻어라.

## + 인정을 모아라

인생을 살면서 우리는 남의 도움을 받지 않을 수 없다. 그런데 눈썹에 불이 붙은 것처럼 다급한 상황을 해결하려면, 남의 도움을 받기 이전에 사람들에게 도움을 많이 베풀어 두어야 한다. 이것이 바로 인정을 저축하는 것이다. 그렇다고 아무것도 따지지 않고 무조건 베풀라는 것은 아니다. 상대방이 진정으로 도움이 필요할 때 당신의 능력이 충분히 미칠 수 있는 상황이라면 기꺼이 구원의 손을 내밀라는 말이다. 아마도 그 일이 당신에게는 손을 드는 것처럼 아주 쉬울지 모르나, 도움을 받는 입장에서는 치명적인 화를 피하는 것일지도 모른다. 중국에서는 이 같은 인정을 하늘보다 중요하게 생각해서 물방울처럼 작은 은혜를 베풀어도 용솟는 샘물처럼 큰 보답을 받는 도리를 잘 알고 있다.

속담에 '사람이 앞날을 생각하지 않으면 반드시 우환이 나타난다'는 말이 있다. 비가 오기 전에 미리 대비하듯이 사람들을 도우며 인정을 저축하라.

팡천(方晨)과 취친(曲琴)은 무역회사의 마케팅 대표다. 한

번은 두 사람이 함께 광둥으로 출장을 가서 선진 시에서 회사의 중요 고객을 만났다. 그런데 취친이 고객에게 회사 상품을 소개하다가 그만 실수로 회사의 기밀을 말해버렸다. 불행히도 팡천이 취친에게 눈치를 주기 전에 고객은 이미 그 사실을 알아차렸다. 이후 협상은 지나치게 고객에게 유리한 조건으로 진행되었다. 하는 수 없이 그들은 잠시 협상을 중단하고 일주일 후에 다시 만나 이야기하기로 했다. 숙소로 돌아온 취친은 자신이 저지른 실수 때문에 두려워 식은땀까지 났다. 옆에서 쉬고 있던 팡천은 다음 협상 때에는 말을 많이 하지 말라고 취친에게 신신당부했다. 하고 싶은 말이 있더라도 심사숙고한 다음 입을 열라는 말이다. 하지만 일주일 뒤에 있을 협상 날짜가 다가오기도 전에 본사에서 전화가 걸려와 회사로 급히 돌아오라는 지시를 내렸다. 알고 보니 그 고객이 본사에 직접 전화를 걸어 회사로서는 받아들이기 어려운 거래 조건을 제시했다고 한다. 이 일 때문에 본사가 발칵 뒤집힐 정도로 사태가 심각하다고 했다. 그날 밤 두 사람은 편히 잠을 이루지 못했다. 날이 밝자마자 그들은 부랴부랴 회사로 돌아갔다.

두 사람은 회사에 도착해서 곧장 회장 사무실로 향했다. 취친은 너무 무서워서 아무 말도 하지 못했다. 그녀는 눈을 동그랗게 뜨고 발끝만 쳐다보며 회장의 폭풍 같은 질책을 받았다.

그러나 팡천은 오히려 놀라울 정도로 침착함을 유지하면서 회장의 화가 가라앉기를 기다렸다. 그러더니 이번 사태는 모두 자신의 실수로 벌어진 일이므로 어떤 처벌을 내리더라도 달게 받겠다며 적극적으로 책임을 떠안았다.

사실 팡천은 회장이 매우 신임하는 직원이었다. 그런데 이렇게까지 자신의 잘못을 인정하니, 회사로서도 그녀의 책임감을 높이 사지 않을 수 없었다. 결국 베테랑 직원인 팡천은 연말에 지급하는 상여금을 삭감당했고, 취친은 약간의 질책만 당한 것으로 일이 마무리 되었다. 하마터면 해고를 당할 뻔했던 취친은 팡천이 고맙기 그지없었고, 그 후로는 여러모로 팡천에게 많은 도움을 주었다.

이어서, 독일에서 있었던 일을 이야기하겠다.

제2차 세계대전이 일어나기 전, 독일의 한 작은 마을에서는 평소와 다름 없이 이른 아침부터 사람들이 분주하게 제 할 일을 시작하고 있었다. 한 우편배달부 청년도 미소를 머금고 이 골목 저 골목을 누비며 편지를 배달했다. 그러면서 그는 마주치는 사람들과 모두 정겨운 인사를 나누었다. 그런데 마침 성당 근처를 지나다가 천천히 걸어 나오던 신부님과 마주치게 되었다.

"신부님, 안녕하세요!"

그는 환하게 웃으며 신부님께 먼저 인사했다.

"네, 안녕하세요."

신부님도 반갑게 인사했다.

그날 이후 일 년 가까이 젊은 우편배달부는 아침마다 이 신부와 인사를 나누었고, 그 일은 거의 습관처럼 되어버렸다.

그런데 얼마 뒤 제2차 세계대전이 발발했다. 수많은 유태인들이 끌려가 신분증 검사를 받고 강제 수용소로 보내졌다.

유태인인 그 우편배달부도 붙잡혀서 얼굴이 온통 피투성이가 되었고, 다른 유태인들과 함께 광장으로 끌려나갔다. 광장에 모인 모든 사람은 두 부류로 나누어졌는데, 왼편에 선 사람들은 살아남고 오른편에 선 사람들은 죽음을 당해야 했다. 그렇게 한 사람 한 사람씩 앞으로 불려나갔는데, 대부분의 사람들이 오른편으로 보내졌다.

잠시 후 우편배달부의 차례가 되었다. 그런데 앞쪽으로 나간 그가 고개를 들어보니 사람들을 분류하는 자가 바로 매일 아침 인사를 주고받던 신부였다. 그는 신부를 보자마자 습관처럼 불쑥 이렇게 말해버렸다.

"신부님, 안녕하세요!"

그러면서 늘 하던 대로 상냥하게 웃었다.

그리하여 신부는 손가락으로 왼쪽을 가리켜 그를 살려주었다.


젊은 우편배달부가 살 수 있었던 것은 그 신부와 오래전부터 인사를 나눈 덕분임이 틀림없다. 매일같이 주고받은 기분 좋은 인정이 모여서 신부를 감동시킨 힘이 되었다.

무심코 심은 버드나무가 큰 그늘을 만들어준다는 말이 있다. 반드시 이익을 추구하기 위해서 하는 일이 아니더라도 남에게 좋은 일을 하면 인정을 쌓는 일과 같은 효과가 생긴다. 그렇게 모인 인정은 미래에 성공하는 데 든든한 디딤돌이 될 것이다.

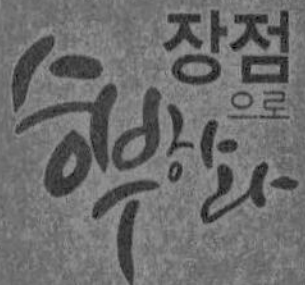

**2013년 2월 5일 초판 발행**

**지은이** 라오유칭
**옮긴이** 김진아
**펴낸이** 배수현
**디자인** 박수정
**기 획** 이창호
**제 작** 송재호
**편 집** 장시왕

**펴낸곳** 가나북스 www.gnbooks.co.kr

**출판등록** 제393-2009-000012호
**전화** 031-408-8811(代)
**팩스** 031-501-8811
ISBN 978-89-94664-22-4(03300)
**가격** 12,000원



※ 잘못된 책은 구입하신 곳에서 교환해 드립니다.